VEUILLEZ ME SUIVRE

Verfasser
Heidi Schulz-Pierre
Klaus Friederici

Französisch

in der Hotellerie

und in der

Gastronomie

3. Auflage

ISBN 978-3-88264-521-7

Alle Rechte vorbehalten
Das Werk und seine Teile sind urheberrechtlich geschützt. Jede Nutzung
bedarf der schriftlichen Zustimmung des Verlages. Nachdrucke, Fotokopien,
elektronische Speicherung oder Verbreitung sowie Bearbeitungen – auch
auszugsweise – sind ohne diese Zustimmung verboten! Verstöße können
Schadensersatzansprüche auslösen und strafrechtlich geahndet werden.

© 2011
FELDHAUS VERLAG GmbH & Co. KG
Postfach 73 02 40
22122 Hamburg
Telefon +49 40 679430-0
Fax +49 40 67943030
post@feldhaus-verlag.de
www.feldhaus-verlag.de

Umschlaggestaltung: Ina Katrin Biallas, Hamburg
Die abgebildeten Speisekarten entstammen der Sammlung von Wolfgang Gross, Hamburg

Satz und Layout: FELDHAUS VERLAG, Hamburg
Druck und Verarbeitung: WERTDRUCK, Hamburg

Bibliografische Information der Deutschen Nationalbibliothek
Die Deutsche Nationalbibliothek verzeichnet diese Publikation in der
Deutschen Nationalbibliografie; detaillierte bibliografische Daten
sind im Internet über http://dnb.d-nb.de abrufbar.

Zueignung

„A celui que j'aime"

und außerdem

für Herrn Prof. Dr. phil. habil. Klaus-Dieter Baumann,
Universität Leipzig, Fachsprachenzentrum,
dessen ermutigender Zuspruch ungemein hilfreich war;

für Herrn Robert Panz und Herrn Norbert Latz,
Direktoren der Staatlichen Gewerbeschule Gastronomie
und Ernährung, Berufsfachschule für Fleischer,
Hotelfachschule Hamburg,
ohne die dieses Buch nicht erschienen wäre;

für liebe Kollegen aus dem Küchen- und Service-Bereich,
die sich der Erhaltung und Weiterentwicklung der
Ess- und Tafelkultur verschrieben haben;

für alle, die wissen, dass Französisch die Sprache der
Gastronomie ist und die sie lernen wollen, um ihre
Gäste und unsere europäischen Nachbarn besser zu verstehen.

Heidi Schulz-Pierre

Vorwort

VEUILLEZ ME SUIVRE wendet sich an Lernende in der Hotellerie und in der Gastronomie, die keine oder nur sehr geringe Kenntnisse der französischen Sprache mitbringen.

Das Lehrbuch verwendet den Grundwortschatz, wie er in der professionellen Situation gefordert wird, und folgt Sprachnormen, die sich am aktuellen Sprachgebrauch orientieren.

VEUILLEZ ME SUIVRE vermittelt die wichtigsten grammatischen Strukturen und ermöglicht es – dank seines streng progressiven Aufbaus – auch Anfängern, sich in kurzer Zeit sprachlich zurechtzufinden.

Fortgeschrittene können verschüttete Kenntnisse auffrischen und finden im Anhang Hinweise zur Ergänzung und Vertiefung verschiedener Grammatikkapitel.

Fach- und kulturkundliche Passagen enthalten bisweilen eine Prise Ironie, ein Quäntchen Frivolität oder auch eine klitzekleine Impertinenz, eben „l'esprit français", die französische Wesensart.

VEUILLEZ ME SUIVRE kann isoliert, punktuell oder als Begleiter eines anderen Lehrwerks eingesetzt werden.

Die 2. Auflage wurde gründlich durchgesehen.

Die Speisekarten stammen aus der 25.000 Exemplare umfassenden Sammlung von Herrn Wolfgang Gross.

Wir danken Herrn Gross dafür, uns großzügig Einblick in diese Sammlung gewährt und uns freie Auswahl gelassen zu haben.

Heidi Schulz-Pierre · Klaus Friederici

Inhaltsverzeichnis

1. Der bestimmte und der unbestimmte Artikel — 9
   L'article défini et indéfini

2. Das Präsens der Hilfsverben „avoir" und „être" — 13
   Le présent des verbes auxiliaires "avoir" et "être"

3. Die Verben auf „...er" im Präsens (außer „aller") — 17
   Les verbes en "...er" au présent (sauf "aller")

4. Der Fragesatz — 23
   La phrase interrogative

5. Die Verneinungen und ihr Gegenteil — 33
   Les négations et leur contraire

6. Der Teilungsartikel — 39
   L'article partitif

7. Die Pronominaladverbien „en" und „y" — 45
   Les pronoms adverbiaux "en" et "y"

8. Die Zahlen — 57
   Les nombres

9. Das Adjektiv (Eigenschaftswort) — 65
   L'adjectif qualificatif

10. Die Vergleichsformen des Adjektivs (Steigerung) — 71
    Les degrés de l'adjectif

11. Der hinweisende Begleiter (Demonstrativbegleiter) — 75
    L'adjectif démonstratif

12. Der besitzanzeigende Begleiter (Possessivbegleiter) — 79
    L'adjectif possessif

13. Die direkten Objektpronomen I („le", „la", „les") — 83
    Les pronoms personnels complément d'objet direct I ("le", "la", "les")

14. Das Perfekt mit „avoir" — 89
    Le passé composé avec "avoir"

15. Die direkten Objektpronomen II („me", „te", „se", „nous", „vous") — 99
    Les pronoms personnels complément d'objet direct II ("me", "te", "se", "nous", "vous")

16. Die indirekten Objektpronomen („me", „te", „lui", „se", „nous", „vous", „leur") — 105
    Les pronoms personnels complément d'objet indirect ("me", "te", "lui", "se", "nous", "vous", "leur")

17. Das Perfekt mit „être" — 109
    Le passé composé avec "être"

18. Die „nahe Zukunft" — 115
    Le futur proche

19. Die reflexiven Verben — 119
    Les verbes pronominaux

20.	Das betonte Personalpronomen Le pronom personnel tonique	125
21.	Der Imperativ L'impératif	129
22.	Die Relativpronomen „qui" und „que" Les pronoms relatifs "qui" et "que"	135
23.	Das Futur I Le futur simple	139
24.	Das Konditional I Le conditionnel présent	143
25.	Das Imperfekt L'imparfait	145

Nachwort	147
Anmerkungen	148
Phonetische Umschrift	150
Alphabet	151
Grammatische Bezeichnungen	152
Vokabeln	
Französisch - Deutsch	156
Deutsch - Französisch	162
Bibliografische Angaben	169
Stadtplan von Paris	170

*Mesdames, Messieurs,
meine Damen und Herren,*

ich heiße Marcel und begleite Sie auf Ihrem Weg durch dieses Buch. Sie erfahren von mir Interessantes oder Skurriles über Land und Leute, und ich hoffe, dass wir sehr bald gute Freunde werden.

Veuillez me suivre – bitte folgen Sie mir!

1. Der bestimmte und der unbestimmte Artikel
L'article défini et indéfini

	der **bestimmte** Artikel	der **unbestimmte** Artikel
maskulin Singular feminin Singular	le l' [1)] la	un une
maskulin Plural feminin Plural	les	des

[1)] vor Vokal bzw. **h**; s. Anm. 1

Das Französische kennt nur zwei Geschlechter des Substantivs. Im Gegensatz zum Deutschen gibt es im Französischen **eine Pluralform des unbestimmten Artikels**.

Beispiele:

Maskuline Substantive

le client (der Kunde/der Gast)   les clients (die Kunden/die Gäste)
le réceptionnaire (der Empfangsherr)   les réceptionnaires (die Empfangsherren)
le serveur (der Kellner)   les serveurs (die Kellner)
le restaurant (das Restaurant)   les restaurants (die Restaurants)

un client (ein Kunde/Gast)   des clients (Kunden/Gäste)
un réceptionnaire (ein Empfangsherr)   des réceptionnaires (Empfangsherren)
un serveur (ein Kellner)   des serveurs (Kellner)
un restaurant (ein Restaurant)   des restaurants (Restaurants)

Feminine Substantive

la dame (die Dame)   les dames (die Damen)
la table (der Tisch)   les tables (die Tische)
la chaise (der Stuhl)   les chaises (die Stühle)
la cliente (die Kundin/der weibl. Gast)   les clientes (die Kundinnen/die weibl. Gäste)

une dame (eine Dame)   des dames (Damen)
une table (ein Tisch)   des tables (Tische)
une chaise (ein Stuhl)   des chaises (Stühle)
une cliente (eine Kundin/ein weibl. Gast)   des clientes (Kundinnen/weibl. Gäste)

Substantive mit Vokalbeginn bzw. mit h-Beginn

l'auto, f. (das Auto)   les autos (die Autos)
l'apprenti, m. (der Auszubildende)   les apprentis (die Auszubildenden)
l'escargot, m. (die Weinbergschnecke)   les escargots (die Weinbergschnecken)
l'oie, f. (die Gans)   les oies (die Gänse)

une auto (ein Auto)   des autos (Autos)
un apprenti (ein Auszubildender)   des apprentis (Auszubildende)
un escargot (eine Weinbergschnecke)   des escargots (Weinbergschnecken)
une oie (eine Gans)   des oies (Gänse)

	l'homme, m. (der Mensch/Mann)		les hommes (die Menschen/Männer)
	l'hôtel, m. (das Hotel)		les hôtels (die Hotels)
	l'horaire, m. (der Stundenplan)		les horaires (die Stundenpläne)
	l'honneur, m. (die Ehre)		les honneurs (die Ehren)
	un homme (ein Mensch/Mann)		des hommes (Menschen/Männer)
	un hôtel (ein Hotel)		des hôtels (Hotels)
	un horaire (ein Stundenplan)		des horaires (Stundenpläne)
	un honneur (eine Ehre)		des honneurs (Ehren)

Aber: le haricot (die Bohne) — les haricots (die Bohnen)
le hareng (der Hering) — les harengs (die Heringe)
le hall (die Halle) — les halls (die Hallen)

In solchen Fällen gilt das **h** als Konsonant (s. Anm. 1).

> **Merke:** Substantive, die im Singular auf **...s**, **...x** oder **...z** enden, erhalten **kein Pluralzeichen**.
>
> Substantive mit den Endungen **...té** und **...ion** sind **feminin**.
>
> Substantive mit der Endung **...ment** sind **maskulin**.

Beispiele: l'autobus, m. (der Autobus) — les autobus (die Autobusse)
le prix (der Preis) — les prix (die Preise)
le riz (der Reis) — les riz (die Reissorten)

la santé (die Gesundheit)
l'addition (die Rechnung) — les additions (die Rechnungen)

l'appartement (die Wohnung) — les appartements (die Wohnungen)

Vokabeln*

Maskuline Substantive

le catalogue	Katalog
le plan de ville	Stadtplan
le prospectus	Prospekt
le timbre	Briefmarke
le stylo	Füllhalter
le stylo à bille	Kugelschreiber
le bagage, meistens pl.	Gepäck(stück)
les bagages	
le client	Gast, Kunde, Klient
le client habituel	Stammgast
le client de passage	Walk-in
le tarif	Preis(liste)
le groupe	Gruppe
le touriste	Tourist
l'élève	Schüler
l'étudiant	Student
l'employé	Angestellter
le téléphone	Telefon
l'aéroport	Flughafen
l'apéritif	Aperitif
l'ascenseur	Fahrstuhl

Feminine Substantive

la brigade	Mannschaft
la cantine	Kantine
la clé	Schlüssel
la brochure	Broschüre
la fiche (de papier)	Blatt (Papier)
la réclamation	Beschwerde
la note	(Hotel)Rechnung
la valise	Koffer
la chambre	Zimmer
la réception	Empfang
la réservation	Reservierung
la commande	Bestellung
la maison	Haus; Firma
la touriste	Touristin
l'élève	Schülerin
l'étudiante	Studentin
l'employée	Angestellte
la femme	Frau
la boutique	Geschäft

* Die Vokabeln werden nur in ihrer engsten und geläufigsten Bedeutung übersetzt.

Übungen

Setzen Sie den bestimmten und den unbestimmten Artikel ein:
Mettez l'article défini et indéfini:

1. _____ / _____ valise
2. _____ / _____ note
3. _____ / _____ timbre
4. _____ / _____ étudiant
5. _____ / _____ téléphone
6. _____ / _____ prix
7. _____ / _____ maison
8. _____ / _____ ascenseur
9. _____ / _____ cliente
10. _____ / _____ hall

Bilden Sie die Pluralform:
Mettez le pluriel:

1. une réservation _____
2. le touriste _____
3. un prospectus _____
4. l'autobus _____
5. le réceptionnaire _____
6. la fiche de papier _____
7. une commande _____
8. le hall _____
9. le prix _____
10. l'hôtel _____

CHARLES BARRIER A TOURS
MEILLEUR OUVRIER DE FRANCE

2. Das Präsens der Hilfsverben „avoir" und „être"
Le présent des verbes auxiliaires "avoir" et "être"

	avoir (haben)	
1. Person Singular	j'ai	ich habe
2. Person Singular	tu as	du hast
3. Person Singular	il, elle a	er, sie, es hat
1. Person Plural	nous avons	wir haben
2. Person Plural	vous avez	ihr habt, Sie haben
3. Person Plural	ils, elles ont	sie haben
2. Partizip[1] (participe passé)	eu, e[2]	gehabt

[1] s. Anmerkung 2   [2] s. Anmerkung 3

Merke: In der 1. Person Singular wird das **e** des Präfixes **je** elidiert, wenn das Verb mit einem Vokal beginnt.

	être (sein)	
1. Person Singular	je suis	ich bin
2. Person Singular	tu es	du bist
3. Person Singular	il, elle est	er, sie, es ist
1. Person Plural	nous sommes	wir sind
2. Person Plural	vous êtes	ihr seid, Sie sind
3. Person Plural	ils, elles sont	sie sind
2. Partizip[3] (participe passé)	été[4]	gewesen

[3] s. Anmerkung 2   [4] s. Anmerkung 3

Anredeformen: Die Anredeformen sind im Französischen die **2. Person Singular** (z. B. Tu es élève? – Bist du Schüler/in?) bzw. die **2. Person Plural** (z. B. Vous avez un prospectus? – Haben Sie/Habt ihr einen Prospekt?)

Vokabeln

en France	in Frankreich	**à Paris**	in Paris
en Allemagne	in Deutschland	**à Hambourg**	in Hamburg
en Italie	in Italien	**à Rome**	in Rom
en Suisse	in der Schweiz	**à Genève**	in Genf
Monsieur Condé	Herr Condé	**Madame Leclerc**	Frau Leclerc
Mademoiselle Dubois	Fräulein Dubois		

Das Anredeverhalten unter Erwachsenen hat sich in Frankreich insofern verändert, als man sich unter Schülerinnen und Schülern, Studentinnen und Studenten, Kolleginnen und Kollegen schneller duzt als noch in den 1960er Jahren.

In den elitären Bevölkerungsschichten soll es heute noch vorkommen, dass ein Mann seine Ehefrau und/oder seine Geliebte überwiegend siezt, seine Mitarbeiterinnen und Mitarbeiter aber sehr rasch duzt, um Komplizenschaft zu signalisieren. Auch Schwiegermütter/Schwiegerväter und Schwiegertöchter/Schwiegersöhne und vice versa siezen sich mitunter, ohne etwa verfeindet zu sein.

Unsere Empfehlung lautet: Duzen Sie niemanden über 16, und warten Sie ab, bis man Ihnen das Du anbietet. Die formlose Anrede könnte bisweilen als Anbiederung aufgefasst werden und eine herbe Abfuhr nach sich ziehen.

Übungen

Setzen Sie die richtige Form ein:
Mettez la forme correcte:

1. Vous (être) _____ réceptionnaire.
2. Je (avoir) _____ un catalogue.
3. Elle (avoir) _____ la clé.
4. Je (être) _____ élève.
5. Nous (avoir) _____ des timbres.
6. Ils (avoir) _____ une réclamation.
7. Elles (être) _____ à Paris.
8. Vous (avoir) _____ des bagages.
9. Tu (être) _____ employé.
10. Nous (être) _____ à Hambourg.
11. Il (être) _____ à Rome.
12. Tu (avoir) _____ une valise.

Übersetzen Sie:
Traduisez:

1. Wir sind Studenten.

2. Herr Condé ist Tourist.

3. Frau Leclerc hat eine Rechnung.

4. Ihr seid Stammgäste.

5. Ich habe einen Prospekt.

6. Du bist Kellner.

7. Er hat ein Auto.

8. Wir haben einen Schlüssel.

9. Sie ist eine Dame.

10. Ihr habt das Gepäck.

11. Du hast eine Wohnung.

12. Sie sind eine Gruppe.

CARTE

Anguille Fumée à la Maison   90
Saumon Fumé par nos Soins au Feu de Bois   95
Foie Gras Frais des Landes en Terrine   110
Terrine des Trois Poissons, aux Herbes du Jardin   90
Terrine de Lièvre et ses Condiments Maison   105
Feuilleté de Blanc de Poireaux Etuvé, Sauce Mousseuse   85
Confiture de Cochon et de Lapin   95

☆

Saumon Frais en Papillote, à la Julienne de Légumes   100
Matelote d'Anguilles de Loire au Vin de Chinon et aux Pruneaux   95
Mousseline de Brochet au Beurre Blanc et Coulis de Homard   100
Sole de Canot Braisée à la Lie de Vin de Bourgueil   150
Homard de nos Viviers d'Eau de Mer, Rôti ou au Court-Bouillon   260

☆

Canard Challandais Rosé, aux Pommes de Reinettes du Val-de-Loire   210 (pour 2 pers.)
Le Fameux Pied de Cochon de Touraine Farci et Grillé   95
Pigeonneau du Terroir Rôti à l'Ail dans le Four à Pain   140
Le Coq Véritable au Vieux Cabernet   110
Râble de Lièvre Sauce Grand Veneur, aux Deux Purées   210 (pour 2 pers.)

☆

Fromages de Chèvres Fermiers, Frais et Affinés   35
avec Pain aux Noix

☆

Choix de Tous les Desserts   50

☆

Café Express et Mignardises   15

☆

Desserts à Commander en Début de Repas
Crêpes Gil Blas à la Fine Champagne
Tarte Feuilletée aux Reinettes Acidulées
Feuilleté aux Poires Caramélisées

Service 15 % en sus

3. Die Verben auf „...er" im Präsens (außer „aller")

Les verbes en "...er" au présent (sauf "aller")

donner (geben)

1. Person Singular	je donne	-e	ich gebe
2. Person Singular	tu donnes	-es	du gibst
3. Person Singular	il, elle donne	-e	er, sie, es gibt
1. Person Plural	nous donnons	-ons	wir geben
2. Person Plural	vous donnez	-ez	ihr gebt, Sie geben
3. Person Plural	ils, elles donnent	-ent	sie geben
2. Partizip (participe passé)	donné, e		gegeben

payer (be/zahlen)

1. Person Singular	je paie	ich (be)zahle
2. Person Singular	tu paies	du (be)zahlst
3. Person Singular	il, elle paie	er, sie, es (be)zahlt
1. Person Plural	nous payons	wir (be)zahlen
2. Person Plural	vous payez	ihr (be)zahlt, Sie (be)zahlen
3. Person Plural	ils, elles paient	sie (be)zahlen
2. Partizip (participe passé)	payé, e	bezahlt, gezahlt

y wird i bei stammbetonten Formen.

acheter (kaufen)

1. Person Singular	j' achète	ich kaufe
2. Person Singular	tu achètes	du kaufst
3. Person Singular	il, elle achète	er, sie, es kauft
1. Person Plural	nous achetons	wir kaufen
2. Person Plural	vous achetez	ihr kauft, Sie kaufen
3. Person Plural	ils, elles achètent	sie kaufen
2. Partizip (participe passé)	acheté, e	gekauft

e wird è bei stammbetonten Formen.

Merke:	Die Verben **offrir** (anbieten), **ouvrir** (öffnen) und **couvrir** (be/decken) werden wie die Verben auf ...**er** konjugiert.

	offrir	ouvrir	couvrir
1. Person Singular	j'offr**e**	j'ouvr**e**	je couvr**e**
2. Partizip	offert, e	ouvert, e	couvert, e

Vokabeln

arriver	ankommen
commander	bestellen
réserver	reservieren
laver	waschen
désirer	wünschen
manger	essen
casser	zerbrechen
chercher	suchen
commencer	beginnen
chauffer	erhitzen
trouver	finden
apporter	bringen
passer	verbringen
fabriquer	herstellen
traverser	überqueren
déboucher	entkorken
décanter	dekantieren
envoyer	schicken
fermer	schließen
flamber	flambieren
confirmer	bestätigen
garer	parken
visiter	besichtigen; besuchen
habiter	(be)wohnen
regarder	betrachten
quitter	verlassen
demander	verlangen, bestellen

entrer (dans)	eintreten, (betreten)
déjeuner	frühstücken, Mittag essen
monter	hinaufgehen; hinaufbringen
déguster	probieren, kosten
dîner	zu Abend essen
souper	spät abends essen
découper	(zer)schneiden
sonner	läuten, klingeln
rester	bleiben, übrig bleiben
compter	(be)rechnen; zählen; beabsichtigen
réclamer	fordern, reklamieren
continuer	fortfahren; weitergehen
changer	wechseln; (sich) ändern
– de train	umsteigen
expliquer	erklären
parler	sprechen
nettoyer	reinigen
téléphoner	telefonieren
indiquer	angeben, anzeigen
fumer	rauchen; räuchern
fonctionner	funktionieren
goûter	probieren, kosten
utiliser	gebrauchen; benutzen
loger	wohnen; unterbringen
proposer	vorschlagen, empfehlen

la facture	Rechnung
le vin	Wein
la photo	Foto
le menu	Menü; Speisekarte
la cathédrale	Kathedrale, Dom, Münster
le dessert	Nachtisch
le steak	Steak
la salade	Salat
l'enfant, m./f.	Kind
la cigarette	Zigarette
la limonade	Limonade
la tour Eiffel	Eiffelturm
la crêpe	Crêpe
le café	Kaffee; Bar, Kneipe

la place	Platz
la femme de chambre	Zimmermädchen
la soupe	Suppe (bäuerliche Variante der „potage", meistens mit Brot gereicht)
la rue	Straße
la viande	Fleisch
les pommes frites	Pommes frites
la porte	Tür
le verre	Glas
le cigare	Zigarre
la voiture	Auto
le coca	Cola
la bouillabaisse	provenzalische Fischsuppe

*Die Bouillabaisse ist eine provenzalische Fischsuppe, ursprünglich ein Arme-Leute-Gericht, für dessen Zubereitung die Fischer ihre Fangreste verwendeten, die sie nicht mehr verkaufen konnten. Diese ehrliche Suppe erfuhr etliche Abwandlungen in der Rezeptur und verkam zur Touristenattraktion, die z. B. in Marseille auf der Canebière in zahlreichen Restaurants zu demselben erschwinglichen Preis angeboten wird. Allerdings munkelt man, dass die dort verarbeiteten Fische nicht direkt aus dem Meer, sondern aus dem Packeis der Tiefkühlhäuser kommen, was Alphonse Monnier, genannt Fonfon, König der „wahrhaftigen" Bouillabaisse, verzweifelt die Hände ringen lässt. Sein Geheimnis? Lebendfrische Fische allererster Qualität, vor allem „rascasse" (Drachenkopf), „saint-Pierre" (Petersfisch), „rouget" (Rotbarbe) und „vive" (Petermännchen). Das Ganze wird mit kochendem Gemüsefond und kräftiger Fischsuppe benetzt – nicht ertränkt! – und nach kurzer Garzeit in zwei Tellern serviert, einer mit Suppe, der andere mit Fisch. Eine Bouillabaisse muss immer „à la minute" zubereitet werden. (C'est toi qui attends la bouillabaisse, ce n'est jamais elle qui t'attend. – **Du** wartest auf die Bouillabaisse, **nie** wartet sie auf **dich**). Wenn man dann den Löffel in die aromatische, kochendheiße, safranvergoldete Brühe taucht, nimmt man nicht mehr übel, dass aus dem Arme-Leute-Essen von einst bei Fonfon ein Gericht für Reiche geworden ist.*

Übungen

Setzen Sie die richtige Form ein:
Mettez la forme correcte:

1. Le réceptionnaire (réserver) _____ les chambres.
2. Les dames (demander) _____ un café.
3. Nous (habiter) _____ à Rome.
4. Ils (loger) _____ à l'hôtel Ritz.
5. Tu (fumer) _____ une cigarette.
6. Vous (chercher) _____ la clé.
7. Le serveur (apporter) _____ la facture.
8. Les clients (déguster) _____ des vins.
9. Je (confirmer) _____ la réservation.
10. Les touristes (trouver) _____ une place.
11. Je (regarder) _____ les photos.
12. Les femmes de chambre (nettoyer) _____ les chambres.
13. Elle (désirer) _____ le menu.
14. Tu (manger) _____ la soupe.
15. Les clients (rester) _____ au restaurant.
16. Je (acheter) _____ des timbres.
17. Les étudiants (visiter) _____ la cathédrale.
18. Nous (traverser) _____ la rue.
19. Le serveur (proposer) _____ un dessert.
20. Vous (découper) _____ la viande.

Übersetzen Sie (Wortstellung wie im Deutschen)**:**
Traduisez:

1. Ich verlasse das Zimmer.

2. Wir suchen ein Hotel.

3. Die Gäste bezahlen die Rechnung.

4. Ihr bestellt ein Steak und Pommes frites.

5. Die Dame isst einen Salat.

6. Du schließt die Tür.

7. Das Kind zerbricht das Glas.

8. Ich rauche Zigaretten.

9. Du parkst das Auto.

10. Er reinigt den Tisch.

11. Wir bestellen eine Limonade.

12. Die Auszubildenden frühstücken in der Kantine.

13. Sie probiert den Nachtisch.

14. Sie bestätigen die Reservierung.

15. Ihr wohnt im Hotel.

16. Wir haben ein Auto.

17. Der Kellner flambiert die Crêpes.

18. Der Herr raucht Zigarren.

19. Ich esse Weinbergschnecken.

20. Ihr sucht die Kantine.

21. Die Touristen besichtigen den Eiffelturm.

22. Ich bestelle eine Cola.

23. Er bezahlt die Rechnung.

24. Ich schicke einen Katalog.

25. Die Damen kaufen einen Stadtplan.

26. Der Angestellte bringt das Gepäck herauf.

27. Du verlässt die Halle.

28. Der Kellner bringt die Speisekarte.

29. Wir dekantieren den Wein.

30. Du wäschst die Gläser.

31. Ihr probiert eine Bouillabaisse.

MENU
à 180

Saumon Fumé par nos Soins au Feu de Bois

☆

Foie de Canard en Terrine, à la Cuiller

☆

Mousseline de Brochet au Beurre Blanc

☆

Fromages de Chèvres Fermiers Frais et Affinés,
avec Pain aux Noix

☆

Dessert du Jour

MENU
à 290

menu unique pour les convives de votre table

Saumon Fumé par nos Soins au Feu de Bois

☆

Terrine des Trois Poissons, aux Herbes du Jardin,
Concombres à la Crème

☆

Foie Gras Frais des Landes en Terrine

☆

Canard Challandais Rosé, aux Pommes de Reinettes du Val-de-Loire

☆

Petite Salade Champêtre

☆

Fromages de Chèvres Fermiers Frais et Affinés,
avec Pain aux Noix

☆

Choix de Tous les Desserts

☆

Café Express et Mignardises

Notre Pain est fait chaque jour, au levain, ici comme autrefois.

Service 15 % en sus

4. Der Fragesatz
La phrase interrogative

1. Das Subjekt des Fragesatzes ist ein Personalpräfix

Aussagesatz:	Vous confirmez la réservation.
Intonationsfrage:	Vous confirmez la réservation?
Est-ce que-Frage:	**Est-ce que** vous confirmez la réservation?
Inversionsfrage:	**Confirmez-vous** la réservation?

Stoßen bei einer Inversion zwei Vokale aufeinander, so wird ein Bindungs-**t** eingeschoben.
Folgt auf **est-ce que** ein Vokal, so wird das vorangehende **e** elidiert.

Aussagesatz:	Elle confirme la réservation.
Inversionsfrage:	Confirm**e-t-e**lle la réservation?
Est-ce que-Frage:	Est-ce qu'**e**lle confirme la réservation?

Merke:	Alle drei Fragekonstruktionen kommen im privaten und professionellen Bereich vor, wobei die Intonations- und die Est-ce que-Frage in familiären und kollegialen Situationen eher bevorzugt werden. In der Kommunikation mit Gästen sollte die Inversionsfrage überwiegen. In der Hotelkorrespondenz ist sie obligatorisch.

Übungen

Bilden Sie die Intonationsfrage, die „Est-ce que-Frage" und die Inversionsfrage:
Posez des questions:

1. Vous êtes des clients habituels.

2. Tu quittes le hall.

3. Ils lavent les verres.

4. Ils visitent la tour Eiffel.

5. Il paie l'addition.

6. Vous proposez un menu.

7. Elles demandent un café.

8. Tu achètes un plan de ville.

9. Elle nettoie les tables.

10. Vous avez une voiture.

11. Ils cassent des verres.

12. Tu habites à Paris.

13. Il commande un steak.

14. Vous êtes étudiant.

15. Elles trouvent des places.

16. Il demande la note.

17. Vous mangez la viande.

18. Tu fermes la porte.

19. Ils montent les bagages.

20. Elle cherche un hôtel.

21. Tu es apprenti.

2. Das Subjekt des Fragesatzes ist ein Nomen

Aussagesatz:	Les clients demandent la facture. Monsieur Condé cherche une place. La dame commande un apéritif.
Intonationsfrage:	Les clients demandent la facture? Monsieur Condé cherche une place? La dame commande un apéritif?
Est-ce que-Frage:	**Est-ce que** les clients demandent la facture? **Est-ce que** Monsieur Condé cherche une place? **Est-ce que** la dame commande un apéritif?
Inversionsfrage:	Les clients **demandent-ils** la facture? Monsieur Condé **cherche-t-il** une place? La dame **commande-t-elle** un apéritif?
Merke:	**Inversion** heißt hier: Vertauschen von Personalpräfix und konjugiertem Verb. Ist das Subjekt ein Nomen, so muss in der Inversionsfrage das dazugehörige Präfix (in Übereinstimmung von Genus und Numerus mit dem Nomen) mitverwendet werden. In der Übersetzung erscheint es nicht.

Beispiele: Les clients demandent-ils la facture?   Verlangen die Gäste die Rechnung?
Monsieur Condé cherche-t-il une place?   Sucht Monsieur Condé einen Platz?
La dame commande-t-elle un apéritif?   Bestellt die Dame einen Aperitif?

Übungen

Bilden Sie die „Est-ce que-Frage" und die Inversionsfrage:
Posez des questions:

1. Les clients visitent la tour Eiffel.

2. Le serveur apporte le menu.

3. L'employé monte les bagages.

4. Les touristes demandent des steaks.

5. L'apprenti travaille au restaurant.

6. Monsieur et Madame Condé mangent à la cantine.

7. Mademoiselle Corbeau nettoie les tables.

8. Les dames demandent des escargots.

9. Le client quitte le café.

10. Madame Leroc cherche l'ascenseur.

Übersetzen Sie:
Traduisez:

1. Isst du Crêpes?

2. Kostet Monsieur Condé den Wein?

3. Bestellt ihr Weinbergschnecken?

4. Besichtigen Monsieur und Madame Condé den Louvre?

5. Kauft Sophie Briefmarken?

6. Raucht er Zigaretten?

7. Möchten Sie einen Stadtplan?

8. Bezahlst du die Rechnung?

9. Suchen die Touristen ein Hotel?

10. Essen die Angestellten in der Kantine?

3. Die Interrogativpronomen (die Fragefürwörter)

qui?	wer, wen?
à qui?	(mit) wem?
de qui?	von wem?

Fragekonstruktion:

Einfache Inversion, wenn das Subjekt ein Personalpräfix ist:	**Qui cherches-tu?**	Wen suchst du?
Doppelte Inversion (meistens), wenn das Subjekt ein Substantiv ist:	**Qui M. Condé invite-t-il?**	Wen lädt M. Condé ein?
Verstärkte Frageformen:	**qui est-ce qui?** **qui est-ce que?** **de qui est-ce que?** **à qui est-ce que?**	wer? wen? von wem? (mit) wem?
„Est-ce que-Frage" mit Wortstellung wie im Aussagesatz:	**Qui est-ce que tu cherches?** **Qui est-ce que M. Condé invite?**	Wen suchst du? Wen lädt M. Condé ein?

que?	was?

Fragekonstruktion:

Einfache Inversion (ausschließlich):	**Que cherches-tu?** **Que désirent les clients?**	Was suchst du? Was wünschen die Gäste?
Verstärkte Frageformen:	**qu'est-ce qui?** **qu'est-ce que?**	was? (Subjekt) was? (Akkusativobjekt)
Wortstellung wie im Aussagesatz:	**Qu'est-ce qui vous plaît?** **Qu'est-ce que les clients désirent?**	Was gefällt Ihnen/euch? Was wünschen die Gäste?

pourquoi?	warum?

Fragekonstruktion:

Einfache Inversion:	**Pourquoi restez-vous à l'hôtel?**	Warum bleiben Sie/bleibt ihr im Hotel?
Doppelte Inversion:	**Pourquoi les clients restent-ils à l'hôtel?**	Warum bleiben die Gäste im Hotel?
„Est-ce que-Frage" mit Wortstellung wie im Aussagesatz möglich, aber schwerfällig:	**Pourquoi est-ce que les clients restent à l'hôtel?**	Warum bleiben die Gäste im Hotel?

où?	wo?, wohin?
quand?	wann?
comment?	wie?
combien (de)?	wie viel(e)?

Einfache und doppelte Inversion, wenn das Subjekt ein Substantiv ist. Auch die „Est-ce que-Frage" ist möglich.

Fragekonstruktion mit „où":

Einfache Inversion:	Où est-il?	Wo ist er?
	Où sont les touristes?	Wo sind die Touristen?
Doppelte Inversion, wenn dem Verb ein Objekt folgt:	Où les touristes achètent-ils les timbres?	Wo kaufen die Touristen die Briefmarken?
„Est-ce que-Frage" mit Wortstellung wie im Aussagesatz:	Où est-ce que les touristes achètent les timbres?	Wo kaufen die Touristen die Briefmarken?

Fragekonstruktion mit „quand":

Einfache Inversion:	Quand déjeunes-tu?	Wann frühstückst du? Wann isst du zu Mittag?
	Quand déjeunent les clients?	Wann frühstücken die Gäste? Wann essen die Gäste zu Mittag?
Doppelte Inversion:	Quand les clients déjeunent-ils?	Wann frühstücken die Gäste?
„Est-ce que-Frage" mit Wortstellung wie im Aussagesatz:	Quand est-ce que les clients déjeunent?	Wann frühstücken die Gäste?

Fragekonstruktion mit „comment":

Einfache Inversion:	Comment flambez-vous les crêpes?	Wie flambieren Sie die Crêpes?
	Comment fonctionne le grill?	Wie funktioniert der Grill?
Doppelte Inversion:	Comment le grill fonctionne-t-il?	Wie funktioniert der Grill?
„Est-ce que-Frage" mit Wortstellung wie im Aussagesatz:	Comment est-ce que le grill fonctionne?	Wie funktioniert der Grill?

Fragekonstruktion mit „combien (de)":

Einfache Inversion:	Combien paies-tu?	Wie viel bezahlst du?
	Combien paient les étudiants?	Wie viel bezahlen die Studenten?
Doppelte Inversion:	Combien de crêpes les touristes désirent-ils?	Wie viele Crêpes wünschen die Touristen?
„Est-ce que-Frage" mit Wortstellung wie im Aussagesatz:	Combien de crêpes est-ce que les touristes désirent?	Wie viele Crêpes wünschen die Touristen?

quel?	(maskulin Singular)	welcher?
quelle?	(feminin Singular)	welche? welches?
quels?	(maskulin Plural)	welche?
quelles?	(feminin Plural)	welche?

Adjektivisches und daher veränderliches Interrogativpronomen. Es richtet sich in Zahl und Geschlecht nach dem Akkusativobjekt, also nach der erfragten Person/Sache.

Fragekonstruktion:

Einfache Inversion:	**Quel vin désirez-vous?**	Welchen Wein wünschen Sie?
	Quelle table désire le client?	Welchen Tisch wünscht der Gast?
Doppelte Inversion:	**Quelles chambres les clients habitent-ils?**	Welche Zimmer bewohnen die Gäste?
„Est-ce que-Frage" mit Wortstellung wie im Aussagesatz:	**Quelles chambres est-ce que les clients habitent?**	Welche Zimmer bewohnen die Gäste?

Die Franzosen verstoßen in der gesprochenen Sprache (nicht in der geschriebenen!) außerordentlich häufig gegen die hier aufgezeigten Regeln.
Wir bestehen dennoch auf diesen Normen und lassen uns den Vorwurf der Kurzsichtigkeit gegenüber der sprachlichen Realität gern gefallen, weil man einem Muttersprachler vieles verzeiht, was man einem Lehrer oder Lerner bzw. Ausländer nicht durchgehen lässt!

Übungen

Übersetzen Sie:
Traduisez:

1. Wen suchen Sie?

2. Wo ist das Telefon?

3. Wann kommen die Gäste an?

4. Welches Zimmer wünscht M. Condé?

5. Wo wohnen Sie?

6. Wer kauft Briefmarken?

7. Was isst du?

8. Welchen Wein bestellt die Dame?

9. Wo parken Sie das Auto?

10. Was ist das?

11. Warum arbeiten Sie im Hotel?

12. Von wem sprechen Sie?

13. Wann besichtigen die Touristen den Eiffelturm?

14. Wer bezahlt die Rechnung?

15. Was suchen Sie?

16. Wo sind die Fahrstühle?

17. Warum bleibst du zu Hause?

18. Wer möchte eine Limonade?

19. Was schlagen Sie vor?

20. Wann bringen Sie das Gepäck hinauf?

21. Wer sind Sie?

22. Welches Dessert möchten Sie?

23. Wo ist der Empfangsherr?

24. Wo sind die Schlüssel?

25. Wo ist die Kantine?

26. Wie viel bezahlen Sie?

27. Wie viele Fotos betrachtet ihr?

1re Classe   le 24 7bre 1892

PAQUEBOT *Saghalien*
DÉJEUNER

HORS-D'ŒUVRE

Beurre, Radis
Olives, Oignons
Sardines à l'huile
Petits pâtés
Haricots blancs

PLATS DE CUISINE

1. Omelette Lyonnaise   6. Volaille
2. Langouste S.ce ravigote   7. Aisselle
3. Sauté de veau chasseur   Riz et karrik
4. Côtelettes aux pommes
5. Entre-côte

DESSERT

Assorti

On est prié de commander
les grillades à l'avance

CAFÉ

MESSAGERIES MARITIMES

5. Die Verneinungen und ihr Gegenteil [1) s. Anm. 4]

Les négations et leur contraire

ne … pas nicht	
ne … pas de kein, keine, keins	**un, une, des, de la, du, de l'** [2)] ein, eine, eins
ne … plus nicht mehr	**encore** noch (immer)
ne … pas encore noch nicht	**déjà** schon
ne … pas non plus auch nicht	**aussi** auch
ne … personne niemand, en	**quelqu'un, e** jemand(en)
ne … rien nichts	**quelque chose / tout** etwas / alles
ne … jamais nie(mals)	**toujours** immer (noch)

[2) s. Kapitel 6, „Teilungsartikel"]

Die beiden Teile der Negation schließen das **konjugierte Verb** ein:

    Je **ne** trouve **pas** la clé.   Ich finde den Schlüssel nicht.
    Il **ne** travaille **plus** à l'hôtel.   Er arbeitet nicht mehr im Hotel.

Bezieht sich die Negation auf einen Infinitiv, so stehen **beide Teile der Negation vor dem Infinitiv**:

    Ne pas ouvrir la porte avant l'arrêt du train.   Nicht die Tür öffnen, bevor der Zug hält!
    Ne pas afficher.   Ankleben verboten!

In der verneinten Frage schließen die beiden Teile der Negation **die Inversion** ein:

    Pourquoi **ne** manges-tu **pas**?   Warum isst du nicht?
    Ne fumez-vous **plus**?   Rauchen Sie nicht mehr? Raucht ihr nicht mehr?

	faire (machen)	
1. Person Singular	**je fais**	ich mache
2. Person Singular	**tu fais**	du machst
3. Person Singular	**il, elle fait**	er, sie, es macht
1. Person Plural	**nous faisons**	wir machen
2. Person Plural	**vous faites**	ihr macht, Sie machen
3. Person Plural	**ils, elles font**	sie machen
2. Partizip (participe passé)	**fait, e**	gemacht

	faire la valise	den Koffer packen
	faire la chambre	das Zimmer aufräumen
	faire du sport	Sport treiben

	aller (gehen, fahren)	
1. Person Singular	**je vais**	ich gehe/fahre
2. Person Singular	**tu vas**	du gehst/fährst
3. Person Singular	**il, elle va**	er, sie, es geht/fährt
1. Person Plural	**nous allons**	wir gehen/fahren
2. Person Plural	**vous allez**	ihr geht/fahrt / Sie gehen/fahren
3. Person Plural	**ils, elles vont**	sie gehen/fahren
2. Partizip (participe passé)	**allé, e**	gegangen/gefahren

	aller à pied	zu Fuß gehen
	aller en voiture	(mit dem) Auto fahren
	aller à bicyclette	Rad fahren
	aller en avion	fliegen
	aller à cheval	reiten

Vokabeln

inviter	einladen	**ouvrir**	öffnen
fonctionner	funktionieren	**l'arrêt**, m.	Halt, Haltestelle
arriver	ankommen	**le train**	Zug
désirer	wünschen	**afficher**	ankleben
manger	essen	**fumer**	rauchen
faire	machen, tun	**accepter**	akzeptieren
aller	gehen, fahren	**demander**	bestellen, verlangen
garer	parken	**tout(e)**	alles; ganz
la voiture	Auto	**le théâtre**	Theater
où	wo, wohin	**le sommelier**	Weinkellner
pourquoi	warum	**aussi**	auch
quand	wann	**l'huître**, f.	Auster

combien (de)	wie viel(e)	**déjà**	schon
qui	wer, wen	**le grill**	Grill
que	wen, was	**la salade**	Salat
quel, quelle	welcher, welche, welches	**le chien**	Hund
chercher	suchen	**le taxi**	Taxi
la facture	Rechnung	**la promenade**	Spaziergang
rester	bleiben	**le cigare**	Zigarre
à la maison	zu Hause	**la limonade**	Limonade
l'argent, m.	Geld; Silber	**monter**	hinaufbringen; hinaufgehen
proposer	vorschlagen, empfehlen	**propre**	sauber
la carte de crédit	Kreditkarte	**le cinéma**	Kino
l'excursion, f.	Ausflug	**le souvenir**	Souvenir; Erinnerung

Übungen

Verneinen Sie die folgenden Sätze:
Mettez la forme négative:

1. Nous acceptons les cartes de crédit.

2. Les clients parlent français.

3. J'ai une voiture.

4. Le monsieur demande encore un vin.

5. Elle regarde les photos.

6. Nous faisons tout.

7. Vous allez au théâtre.

8. Le sommelier déguste les vins.

9. Tu es dans le hall.

10. Je mange aussi des huîtres.

11. Ils font une excursion.

12. Elle a déjà une facture.

13. Le grill fonctionne.

14. La dame demande une salade.

15. Nous acceptons les chiens à l'hôtel.

Übersetzen Sie:
Traduisez:

1. Der Tisch ist nicht sauber.

2. Wir haben keine Prospekte mehr.

3. Er bringt das Gepäck nicht hinauf.

4. Du rauchst nie.

5. Ich suche kein Taxi.

6. Wir haben keine Beanstandungen.

7. Er geht nicht ins Kino.

8. Geht er nicht ins Kino?

9. Du arbeitest nicht im Hotel.

10. Sie wohnen nicht in Hamburg.

11. Wohnen Sie nicht in München?

12. Sie machen keinen Spaziergang.

13. Machen Sie keinen Spaziergang?

14. M. Condé raucht die Zigarren nicht.

15. Raucht M. Condé die Zigarren nicht?

16. Ich kaufe die Briefmarken nicht.

17. Wir haben kein Geld.

18. Du bist nicht zu Hause.

19. Der Aufzug funktioniert nicht.

20. Sie sind keine Stammgäste.

Setzen Sie das Gegenteil ein:
Mettez le contraire:

1. Je n'ai pas encore la facture.

2. Il ne travaille pas à l'hôtel.

3. Mme Dubois ne fait pas de promenade non plus.

4. Les apprentis ne mangent rien.

5. Les touristes n'achètent pas de souvenirs.

6. Je ne vais pas au cinéma.

7. Mademoiselle Leclerc n'achète jamais de timbres.

8. Nous ne parlons pas français.

9. Elle n'habite pas à Rome.

10. N'avez-vous pas de cigarettes?

11. Pourquoi ne restez-vous pas à l'hôtel?

12. M. Condé ne fume-t-il plus?

Honi soyt qui point n'y pense...

Stances de Racan ("Les Bergeries", 1625)

Suivons ce petit Roy des ames,
Et ne craignons point de mourir
Pour celuy qui nous a fait naistre.

Au mouton de Panurge⁽¹⁾

Temple du Bien-Manger

Fondé en MCMIL

17, Rue de Choiseul - PARIS-2ᵉ

R. C. Seine 57 B 9386

A DESJEUNER, SUCCÈS ASSEURÉ EN AFFAIRES
APRÈS DIPNER, TRIUMPHE CERTAIN EN AMOUR

PANURGE REÇOIT TOUS LES JOURS
VISITEZ SES MERVEILLEUX CABINETZ DE LECTURE !

OYEZ ★ VOYEZ ★ MANGIEZ ★ BEUVEZ

| ACCUEIL PAR LE CÉLÈBRE MOUTON DOMESTIQUE |  | DÉCORATIONS MURALES DE DUBOUT |

Retenez votre chaise percée par téléphone à RIChelieu 78-49. La Maison n'a pas de succursale.

(1) Panurge, *du grec* πανοῦργος : " apte à tout faire ". PANURGE *est aussi la parfaite anagramme d*'ANGE PUR. Quant au nom de FRANÇOIS RABELAIS, on y trouve ce philosophique conseil : RIS A SA LIBRE FAÇON !..

6. Der Teilungsartikel
L'article partitif

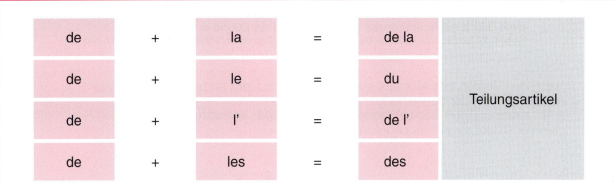

des ist identisch mit dem unbestimmten Artikel im Plural.
des wird vor Adjektiven häufig zu **de** (s. Kapitel 9).

Der Teilungsartikel wird verwendet, um eine unbestimmte Menge oder Anzahl anzugeben. Im Deutschen verzichtet man auf den Gebrauch eines Artikels.

Beispiele: J'achète **de la** viande.   Ich kaufe Fleisch.
Nous commandons **du** vin.   Wir bestellen Wein.
Ils demandent **de l'**eau minérale.   Sie verlangen Mineralwasser.
Elle a **des** enfants.   Sie hat Kinder.

Aber: Nach Mengenangaben steht **de** (= de partitif).
Es ist dabei völlig unerheblich, ob diese Angaben genau oder ungenau sind.

Beispiele: Elle mange **beaucoup de** salade.   Sie isst viel Salat.
Nous avons **peu d'** argent.   Wir haben wenig Geld.
Au restaurant il y a **assez de** places.   Im Restaurant gibt es genug Plätze.
Ils achètent **un kilo de** bananes.   Sie kaufen ein Kilo Bananen.
Le client demande **une carafe d'** eau.   Der Gast bestellt eine Karaffe Wasser.
Le serveur apporte **une corbeille de** pain.   Der Kellner bringt einen Korb mit Brot.

Nach Zahlen folgt das Substantiv.

Beispiele: J'ai **trois** enfants.   Ich habe drei Kinder.
Il mange **deux** bananes.   Er isst zwei Bananen.
Nous achetons **neuf** livres.   Wir kaufen neun Bücher.

Nach **sans** (ohne) folgt das Substantiv. (**ohne** steht ohne ...).

Beispiele: J'ai une chambre **sans** balcon.   Ich habe ein Zimmer ohne Balkon.
Il commande une glace **sans** crème.   Er bestellt ein Eis ohne Sahne.
Le client arrive **sans** bagages.   Der Gast kommt ohne Gepäck an.

Vor Berufsbezeichnungen steht kein Artikel.

Beispiele: Nous sommes apprentis. — Wir sind Auszubildende.
M. Condé est professeur. — Herr Condé ist Lehrer.
Mme Dubois est réceptionnaire. — Frau Dubois ist Empfangsdame.
Sophie et Marie sont secrétaires. — Sophie und Marie sind Sekretärinnen.

Nach den Verben des Mögens und Bevorzugens steht immer der bestimmte Artikel, auch in der Verneinung.
z. B.: aimer (mögen, lieben), adorer (für jmd./etwas schwärmen), préférer (bevorzugen), accepter (akzeptieren)

Beispiele: J'aime **le** chocolat. — Ich mag Schokolade.
Je n'aime pas **le** chocolat. — Ich mag keine Schokolade.
Elle adore **les** enfants. — Sie schwärmt für Kinder.
Ils préfèrent **la** glace à la vanille. — Sie bevorzugen Vanilleeis.
Nous acceptons **les** chiens à l'hôtel. — Wir akzeptieren Hunde im Hotel.
Nous n'acceptons pas **les** chiens à l'hôtel. — Wir akzeptieren keine Hunde im Hotel.

	prendre (nehmen)	
1. Person Singular	**je prends**	ich nehme
2. Person Singular	**tu prends**	du nimmst
3. Person Singular	**il, elle prend**	er, sie, es nimmt
1. Person Plural	**nous prenons**	wir nehmen
2. Person Plural	**vous prenez**	ihr nehmt, Sie nehmen
3. Person Plural	**ils, elles prennent**	sie nehmen
2. Partizip (participe passé)	**pris, e**	genommen

Vokabeln

assez	genug; ziemlich	**le croissant**	Croissant
beaucoup	viel	**la baguette**	Baguette
(un) peu	(ein) wenig	**le beurre**	Butter, oft etwas gesalzen
il y a	es gibt; da sind	**la confiture**	Konfitüre, bevorzugt Aprikosenkonfitüre
sans	ohne		
et	und	**la compote**	Kompott
l'eau, f.	Wasser	**le fruit**	Stück Obst
la banane	Banane	**la pomme**	Apfel
la carafe	Karaffe	**le/la pamplemousse**	Pampelmuse
la corbeille	(henkelloser) Korb	**le yaourt, yog(h)ourt**	Joghurt
le restaurant	Restaurant	**le fromage**	Käse
le balcon	Balkon	**le jambon**	Schinken
le paquet	Päckchen, Paket; Schachtel	**les céréales**, pl. f.	Cerealien, Getreideflocken
le livre	Buch	**l'œuf**, m.	Ei
la crème Chantilly	Schlagsahne (mit Vanillezucker)	**l'œuf à la coque**	gekochtes Ei
la glace	Eis	**la coque**	Schale; Bordwand; nicht zu verwechseln mit:
le professeur	Lehrer		
la secrétaire	Sekretärin	**le coq**	Hahn

le petit déjeuner	Frühstück	**l'œuf mollet**, m.	weich gekochtes Ei
au petit déjeuner	beim/zum Frühstück	**les œufs brouillés**, pl. m.	Rührei
le café (express)	Espresso	**l'omelette**, f.	Omelett
le café crème	Kaffee mit viel Milch; in der Familie: café au lait	**le sucre**	Zucker
le café décaféiné	koffeinfreier Kaffee	**le sel**	Salz
le lait	Milch	**la tranche**	Scheibe, Schnitte
le chocolat chaud	heißer Kakao	**la tasse**	Tasse
le thé	Tee	**l'assiette**, f.	Teller
la tisane, l'infusion, f.	„Gesundheitstee"	**le couteau**	Messer
la camomille	Kamille	**la serviette**	Serviette; Handtuch
la menthe	Pfefferminze	**le marché**	Markt(platz)
le jus de fruit(s)	Fruchtsaft	**au marché**	auf dem (Wochen)markt
le jus d'orange(s)	Orangensaft	**le supermarché**	Supermarkt
l'orange (f.) **pressée**	frisch gepresster Orangensaft	**au supermarché**	im Supermarkt
le pain	Brot	**aimer**	lieben, mögen
le petit pain	Brötchen	**accepter**	akzeptieren
le pain de seigle	Roggenbrot	**adorer**	schwärmen für, anhimmeln, anbeten
le pain bis	Misch-, Graubrot	**préférer**	bevorzugen, vorziehen
le toast	Toast	**prendre**	nehmen

Übungen

Fügen Sie den Teilungsartikel bzw. „de" ein:
Mettez l'article partitif ou "de":

Au supermarché nous achetons _____ vin, _____ fruits, _____ viande, _____ salade, _____ fromage, _____ beurre, _____ un paquet _____ thé, _____ jambon, _____ œufs, un kilo _____ sucre et _____ céréales.

Vervollständigen Sie die Sätze:
Complétez les phrases:

Au petit déjeuner je prends beaucoup _____ café sans _____ sucre, _____ jus de pamplemousse et _____ œufs brouillés. Jean préfère _____ thé. Il mange un _____ croissant avec _____ beurre et _____ confiture et une tranche _____ pain de seigle avec _____ jambon et un peu _____ fromage. Les enfants prennent _____ chocolat chaud, une assiette _____ céréales avec _____ lait, une ou 2 _____ pommes et un _____ yaourt.

Übersetzen Sie:
Traduisez:

1. Ich habe genug Eier.

2. Wir kaufen viel Obst.

3. Er mag keinen koffeinfreien Kaffee.

4. Nimmst du Fruchtsaft oder Mineralwasser?

5. Essen die Gäste Omeletts oder Rühreier?

6. M. Condé bestellt Brot und Wein.

7. Die Kinder essen wenig Fleisch.

8. Haben Sie Prospekte?

9. Der Gast kommt ohne Gepäck an.

10. Die Touristen bestellen Weinbergschnecken.

11. Mögen Sie Cerealien?

12. Der Kellner bringt Suppen und Salate.

13. Die Damen sind Studentinnen.

14. Auf dem Markt gibt es viel Käse.

15. Im Supermarkt kaufen wir 1 Kilo Salz und 3 Scheiben Schinken.

16. Hast du Briefmarken?

17. Sie bestellen ein Eis mit Sahne.

18. Sind Sie Auszubildende?

19. Ich schwärme für Austern.

20. Die Lehrer kaufen Bücher.

21. Wir akzeptieren keine Hunde im Hotel.

22. Sind Sie Schüler?

23. Mme Dubois kauft Mineralwasser und ein wenig Käse.

24. Die Gäste essen Rühreier.

25. Sie nehmen Schinken.

*Die Franzosen beginnen den Tag im Allgemeinen mit einer sehr bescheidenen Mahlzeit: (**petit** déjeuner = **kleines** Fastenbrechen, vgl. auch engl.: „breakfast").*
Wer in einem der Bistros frühstückt, die schon ab 6.00 Uhr geöffnet sind, begnügt sich oft mit einem Milchkaffee (Verhältnis 1:1) oder auch mit Tee, der in großen Tassen serviert wird, und isst ein oder zwei Croissants dazu. Der Kaffee wird häufig stark gezuckert.
Wenn man das Frühstück am Tresen (= sur le zinc) einnimmt, statt sich an einen Tisch zu setzen, so erhält man gelegentlich einen Preisnachlass von 15-20 %. (Le zinc = Zink, Material, aus dem bis zu Anfang des 20. Jahrhunderts die Tresenplatten gefertigt wurden).
Mitunter findet man auch einen Eierständer vor, der 6 Eier aufnimmt und Ähnlichkeit mit Eistütenhaltern hat, wie man sie in Eisdielen sehen kann. Wenn Sie sich dort bedienen, so warten Sie nicht auf einen Eierbecher – man wird Ihnen keinen bringen. Klopfen Sie das Ei unbekümmert auf dem Tresen auf und verzehren Sie es – wie bei einem Picknick – aus der Hand.

7. Die Pronominaladverbien „en" und „y"
Les pronoms adverbiaux "en" et "y"

1. Das Pronominaladverb „en"

Ein **Akkusativobjekt***, das durch den unbestimmten Artikel (**un, une, des**) bzw. den Teilungsartikel (**de la, du, de l', des**) eingeführt wird, wird durch **en** ersetzt.

En steht **vor dem konjugierten Verb** bzw. – falls vorhanden – **vor dem Infinitiv**.

In **bejahten Sätzen** wird der unbestimmte Artikel Singular (**un, une**) wieder aufgenommen.

* Akkusativobjekt = direktes Objekt. Man fragt: „**wen oder was**"?

Beispiele:

Wen oder was hast du?
  Tu as **une** feuille de papier? Hast du ein Blatt Papier?
  Oui, j'**en** ai **une**. Ja, ich habe eins.

Wen oder was nehmt ihr/nehmen Sie?
  Prenez-vous **un** dessert? Nehmt ihr/Nehmen Sie einen Nachtisch?
  Oui, nous **en** prenons **un**. Ja, wir nehmen einen.

Wen oder was haben sie?
  Ont-ils **une** voiture? Haben sie ein Auto?
  Oui, ils **en** ont **une**. Ja, sie haben eins.

Wen oder was wollen sie (nehmen)?
  Veulent-ils prendre **un** apéritif? Wollen sie einen Aperitif (nehmen)?
En steht vor dem Infinitiv.
  Oui, ils veulent **en** prendre **un**. Ja, sie wollen einen nehmen.

Wen oder was wollen Sie reservieren?
  Voulez-vous réserver **une** chambre? Wollen Sie ein Zimmer reservieren?
En steht vor dem Infinitiv.
  Oui, je voudrais **en** réserver **une**. Ja, ich möchte eins reservieren.

Wen oder was haben Sie?
  Avez-vous **des** cigarettes? Haben Sie Zigaretten?
Der unbestimmte Artikel Plural (= Teilungsartikel) wird **nicht** aufgenommen.
  Oui, j'**en** ai. Ja, ich habe welche.

Wen oder was nehmen sie?
  Prennent-ils **de la** salade? Nehmen sie Salat?
Der Teilungsartikel wird **nicht** aufgenommen.
  Oui, ils **en** prennent. Ja, sie nehmen welchen.

Wen oder was kaufst du?
  Achètes-tu **du** lait? Kaufst du Milch?
Der Teilungsartikel wird **nicht** aufgenommen.
  Oui, j'**en** achète. Ja, ich kaufe welche.

Verneinung: Die beiden Teile der Verneinung schließen das Pronominaladverb mit ein, wenn es vor dem konjugierten Verb steht. Der unbestimmte Artikel Singular wird nicht wieder aufgenommen.

Beispiele:

Tu as **une** feuille de papier? — Hast du ein Blatt Papier?

Ne wird vor einem Vokal apostrophiert.

Non, je **n**'en ai **pas**. — Nein, ich habe keins.

Prenez-vous **un** dessert? — Nehmt ihr/Nehmen Sie einen Nachtisch?
Non, nous **n**'en prenons **pas**. — Nein, wir nehmen keinen.

Ont-ils **une** voiture? — Haben sie ein Auto?
Non, ils **n**'en ont **pas**. — Nein, sie haben keins.

Avez-vous **des** cigarettes? — Haben Sie Zigaretten?
Non, je **n**'en ai **pas**. — Nein, ich habe keine.

Prennent-ils **de la** salade? — Nehmen sie Salat?
Non, ils **n**'en prennent **pas**. — Nein, sie nehmen keinen.

Steht das Pronominaladverb vor dem Infinitiv, so wird es **nicht** mit in die Verneinung eingeschlossen.

Beispiele:

Veulent-ils prendre **un** apéritif? — Wollen sie einen Aperitif (nehmen)?
Non, ils **ne** veulent **pas** en prendre. — Nein, sie wollen keinen (nehmen).

Voulez-vous réserver **une** chambre? — Wollen Sie ein Zimmer reservieren?
Non, je **ne** veux **pas** en réserver. — Nein, ich will keins reservieren.

Die adverbiale Bestimmung des Ortes wird durch **en** ersetzt, sofern sie mit **woher** erfragt wird.

Beispiele:

Woher kommt sie?
Elle vient **de Paris?** — Kommt sie aus Paris?
Oui, elle **en** vient. — Ja, daher kommt sie.
Non, elle n'**en** vient pas. — Nein, daher kommt sie nicht.

Woher kommen sie?
Les enfants rentrent-ils **de l'école?** — Kommen die Kinder aus der Schule zurück?
Oui, ils **en** rentrent. — Ja, daher kommen sie (zurück).
Non, ils n'**en** rentrent pas. — Nein, daher kommen sie nicht (zurück).

Satzteile, die auf Verben mit **de** folgen, werden durch **en** ersetzt. (s. Anm. 5)

2. Das Pronominaladverb „y"

y ersetzt eine adverbiale Bestimmung des Ortes, sofern sie mit **wo** oder **wohin** erfragt wird.
Die Stellung im Satz ist dieselbe wie bei **en**.

Beispiele:

Wohin fährst du?

    Tu vas à Paris?   Fährst du nach Paris?
    Oui, j'**y** vais.   Ja, dahin fahre ich.
    Non, je n'**y** vais pas.   Nein, dahin fahre ich nicht.

Wo wohnt er?

    Habite-t-il à Bruxelles?   Wohnt er in Brüssel?
    Oui, il **y** habite.   Ja, da wohnt er.
    Non, il n'**y** habite pas.   Nein, da wohnt er nicht.

Wo arbeiten Sie?

    Travaillez-vous à l'hôtel Mercure?   Arbeiten Sie im Hotel Mercure?
    Oui, j'**y** travaille.   Ja, da arbeite ich.
    Non, je n'**y** travaille pas.   Nein, da arbeite ich nicht.

Wohin geht ihr?

    Allez-vous au cinéma?   Geht ihr ins Kino?
    Oui, nous **y** allons.   Ja, dahin gehen wir.
    Non, nous n'**y** allons pas.   Nein, dahin gehen wir nicht.

y ersetzt auch Satzteile, die auf Verben mit Präpositionen wie **à**, **sur**, **sous**, **dans**, etc. folgen und die mit Gegenständen verbunden sind. (s. Anm. 6)

	venir (kommen)	
1. Person Singular	**je viens**	ich komme
2. Person Singular	**tu viens**	du kommst
3. Person Singular	**il, elle vient**	er, sie, es kommt
1. Person Plural	**nous venons**	wir kommen
2. Person Plural	**vous venez**	ihr kommt, Sie kommen
3. Person Plural	**ils, elles viennent**	sie kommen
2. Partizip (participe passé)	**venu, e**	gekommen

	tenir (halten)	
1. Person Singular	**je tiens**	ich halte
2. Person Singular	**tu tiens**	du hälst
3. Person Singular	**il, elle tient**	er, sie, es hält
1. Person Plural	**nous tenons**	wir halten
2. Person Plural	**vous tenez**	ihr haltet, Sie halten
3. Person Plural	**ils, elles tiennent**	sie halten
2. Partizip (participe passé)	**tenu, e**	gehalten

	vouloir (wollen)	
1. Person Singular 2. Person Singular 3. Person Singular	**je veux** **tu veux** **il, elle veut**	ich will du willst er, sie, es will
1. Person Plural 2. Person Plural 3. Person Plural	**nous voulons** **vous voulez** **ils, elles veulent**	wir wollen ihr wollt, Sie wollen sie wollen
2. Partizip (participe passé)	**voulu**	gewollt

	vouloir (möchten)	
1. Person Singular 2. Person Singular 3. Person Singular	**je voudrais** **tu voudrais** **il, elle voudrait**	ich möchte du möchtest er, sie, es möchte
1. Person Plural 2. Person Plural 3. Person Plural	**nous voudrions** **vous voudriez** **ils, elles voudraient**	wir möchten ihr möchtet, Sie möchten sie möchten
2. Partizip (participe passé)	**voulu**	gemocht

Vouloir (wollen) erhält im Konditional I die Bedeutung **möchten**.

	pouvoir (können)	
1. Person Singular 2. Person Singular 3. Person Singular	**je peux** **tu peux** **il, elle peut**	ich kann du kannst er, sie, es kann
1. Person Plural 2. Person Plural 3. Person Plural	**nous pouvons** **vous pouvez** **ils, elles peuvent**	wir können ihr könnt, Sie können sie können
2. Partizip (participe passé)	**pu**	gekonnt

Merke: Est-ce que je peux payer? Kann ich bezahlen?
Aber: Puis-je payer? Kann ich bezahlen?

Vokabeln

le problème	Problem
le tourisme	Tourismus
penser à qn/qc	an jmd. / etw. / denken
venir (de)	kommen (aus/von)
tenir	halten
vouloir	wollen
pouvoir	können
bonjour	guten Morgen, guten Tag
bonsoir	guten Abend
bonne nuit	gute Nacht
au revoir	auf Wiedersehen
Monsieur (M.)[1]	Herr (Anrede)
Messieurs (MM.)[1]	Herren (Anrede)
Madame (Mme)[1]	Dame (Anrede)
Mesdames (MMes)[1]	Damen (Anrede)
Mademoiselle (Mlle)[1]	sehr junge Dame (Anrede)
Mesdemoiselles (Mlles)[1]	sehr junge Damen (Anrede)
le déjeuner	Mittagessen
le goûter	kleiner, improvisierter Nachmittagsimbiss
le dîner	Abendessen
le souper	kleine, oft elegante Mahlzeit, die nach einem späten Kino- oder Theaterbesuch eingenommen wird.
merci	danke
merci beaucoup	vielen Dank
s'il vous plaît	bitte (= wenn es Ihnen gefällt)
s'il te plaît	bitte (= wenn es dir gefällt)
l'apéritif, m.	Aperitif, appetitanregendes Getränk
le sherry	
le jérez	Sherry
le xérès	
le vermouth p.ex. Noilly Prat	Wermut(wein)
le Kir	ein leichter Weißwein, z.B. Bourgogne Aligoté, gemischt mit Crème de Cassis, einem (schwarzen) Johannisbeerlikör. Das Getränk trägt den Namen eines Bürgermeisters von Dijon.
le Kir Royal	Champagner, gemischt mit Crème de Cassis. In der Champagne bezeichnet man dieses Getränk als „sacrilège" (Entweihung, Frevel).
le digestif	Digestif, oft hochprozentig, die Mahlzeit beschließendes Getränk.
le cognac	Cognac
le calvados	Calvados, sehr aromatischer Apfelbranntwein [2]
le marc	Trester, eine Art Branntwein

entrées froides, f.	kalte Vorspeisen
l'assiette de crudités, f.	Salatplatte, Rohkostplatte
hors-d'œuvre variés, m.	gemischte Vorspeisen
salade niçoise, f.	Nizza-Salat (Kartoffeln, grüne Bohnen, Tomaten, Sardellenfilets, schwarze Oliven und Kapern in Essig-Öl-Marinade). Verschiedene Abweichungen von dieser klassischen Rezeptur sind häufig: z.B. Thunfisch statt Sardellen, Blattsalat statt Bohnen, gekochtes Ei statt Kapern, usw.
terrine du chef / terrine maison, f.	Pastete nach Art des Hauses
entrées chaudes, f.	warme Vorspeisen
	Sie werden nach der Suppe serviert und ersetzen im Allgemeinen das Fisch- oder ein Zwischengericht.
bouchée à la reine, f.	Königinpastete
quiche lorraine, f.	Lothringer Specktorte
raviolis aux épinards, m.	mit Spinat gefüllte Ravioli
soupes, f.	Suppen
consommé, f.	Kraftbrühe
potage du jour, m.	Tagessuppe
crème d'asperges, f.	Spargelcremesuppe
viandes, f.	Fleischgerichte
bœuf bourguignon, m.	in Burgunder Rotwein geschmortes Rindfleisch mit Gemüse
escalope de veau, f.	Kalbsschnitzel
pavé de charolais, m.	dicke Steak-Schnitte vom Charolais-Rind
volailles, f.	Geflügel
coq au vin, m.	je nach Region in Rot- oder Weißwein geschmortes Hähnchen
canard à l'orange, m.	Ente mit Orangensoße
cailles, f.	Wachteln (werden mit Kopf aufgetragen)
fromages, m.	Käse
brie, m.	Brie (geschützte Bezeichnung)
chèvre, m.	Ziegenkäse
gruyère, m.	Schweizer Käse

[1] In der Korrespondenz wird die Anrede immer groß geschrieben und nie abgekürzt! Sonst kann sie auch klein geschrieben werden. Wenn von dritten Personen — auch missliebigen wie Rivalen, Vorgesetzten, Politikern usw. — die Rede ist, so geschieht das fast nie ohne Anrede!

[2] „Le Trou Normand" (Das Normannische Loch): Wenn der Magen schon nach den Vorspeisen eines üppigen Festmahles drückt, so gibt es nur ein Rezept, um den rechten Schlemmer-Appetit wieder zu beleben: Das berühmte „Normannische Loch". Man gönne sich einen tüchtigen Schluck „cul sec" (auf ex) eines guten, alten Calvados. Anschließend nehme man ein soßenreiches Gericht in Angriff. Dank des alten Calvados („Calva") wird man bis zum Ende der Mahlzeit „frisch und rosig" (frais et rose) sein.

Veuillez me suivre © FELDHAUS VERLAG, Hamburg

desserts, m.	Nachtisch	**sanglier**, m.	Wildschwein. Leibspeise der wohl inzwischen berühmtesten Vorfahren der Franzosen – Asterix und Obelix!
crème caramel, f.	Karamellcreme		
crêpe Suzette, f.	mit Grand Marnier flambierte Crêpe		
mousse au chocolat, f.	Schokoladenschaumcreme	**poissons**, m.	Fischgerichte
tarte aux pommes, f.	Apfeltorte. Man isst sie häufig mit Messer und Gabel. Aber seien Sie vorsichtig! Der Tortenboden besteht aus Mürbeteig!	**truite meunière**, f. **turbot**, m. **saumon**, m.	Forelle „Müllerin" Steinbutt Lachs
glaces, f.	Eis	**crustacés**, m.	Schalentiere
coupe maison, f.	Eisbecher nach Art des Hauses	**12 (douze) huîtres**, f. **moules**, f.	12 Austern Muscheln
pêche melba, f.	Pfirsich Melba. Eine Kreation des berühmten A. Escoffier: reife, geschälte weiße Pfirsiche auf Vanilleeis, gezuckertes Himbeerpüree und evtl. einige frische, geschnittene Mandeln. Keine Dekoration! Niemals Schlagsahne!	**plateau de fruits de mer**, m.	Meeresfrüchteplatte. Ein üppiger Augen- und Gaumenschmaus; auf riesigen, mit Eis ausgelegten Platten serviert.
sorbet, m. (**cassis**, m. / **citron**, m.)	halbgefrorenes Fruchteis (schwarze Johannisbeere/ Zitrone)	**légumes**, m./ **garnitures**, f.	Gemüse / Beilagen
		(**pommes) frites**, f. **haricots verts**, m. **champignons de Paris**, m.	Pommes frites grüne Bohnen Zuchtchampignons, in Paris in unterirdischen Gewölben gezogen.
gibier, m.	Wild		
civet de lièvre, m.	Hasenpfeffer (Häsin = la hase !)	**chou-fleur**, m.	Blumenkohl
râble de lièvre, m.	Hasenrücken	**aubergine**, f.	Aubergine*

* In den 1970er Jahren führten die Hostessen, deren Aufgabe im Wesentlichen darin bestand, Auskünfte zu erteilen und Parksünder mit saftigen Geldbußen zu belegen, den Spitznamen „Aubergines", weil sie dunkelbraun-violett gekleidet waren. Inzwischen tragen sie hellblaue Kostüme.

Die hier ausgewählten Speisen sind nur Beispiele für Gerichte, wie man sie in Bistros bzw. einfacheren Restaurants finden kann und die auch für den schmaleren Geldbeutel erschwinglich sind.

Die kulinarische Vielfalt in Frankreich ist immens. So erzählt man, Winston Churchill habe eines Tages zu Charles de Gaulle gesagt: „Ein Land, in dem es 256 Käsesorten gibt, kann man nicht besiegen." Worauf de Gaulle hinzugefügt haben soll: „Man kann es auch nicht regieren."

Inzwischen mag sich die Anzahl der Käsesorten noch erhöht haben, aber ebenso sprichwörtlich wie die Vorliebe für Käse ist der beträchtliche Verzehr von Salaten, weshalb sich die Franzosen selbst liebevoll-spöttisch als „saladiers" (Salatschüsseln) bezeichnen.

Zwar kann man in allen Regionen Frankreichs vorzüglich speisen, aber das wahre Schlaraffenland liegt in und um Lyon, der zweitgrößten Stadt Frankreichs mit dem größten erhaltenen Renaissance-Viertel der Welt.

Begünstigt durch die geografische Lage gibt es in Lyon alles in hervorragender Frische und Qualität, was Feinschmecker- und Schlemmer-Herzen höher schlagen lässt. So ist es auch nicht verwunderlich, dass hier das folgende Bonmot entstanden ist: „Silence! On ne s'entend plus manger!" (Ruhe! Man hört sich nicht mehr essen!).

Im Allgemeinen kann man sich darauf verlassen, freundlich und aufmerksam bedient zu werden, wenn man nicht gerade die Massentouristen-Abfütterungsstätten aufsucht, in denen die Angestellten hoffnungslos überfordert sind.

Doch sei dringend davor gewarnt, die Aufmerksamkeit der Bedienung mit dem Ausruf „Garçon!" (Kellner!) erregen zu wollen, wie es in Sprach- und Reiseführern unausrottbar empfohlen wird.

Diese Anrede wird als herablassend empfunden, und die Reaktionen darauf können von einer eisigen Miene über betont nachlässigen Service bis hin zu temperamentvollen Schimpfkanonaden reichen, für die wir das Vokabular nicht bereitstellen wollen.

Ein freundliches „Monsieur, s'il vous plaît" oder gegebenenfalls „Madame, s'il vous plaît", das nicht von Fingerschnipsen begleitet wird, garantiert in aller Regel einen tadellosen Service in angenehmer Atmosphäre.

Lassen Sie sich das Wechselgeld auf Euro und Cent herausgeben, und hinterlegen Sie Ihren Tip, 15-20 % des Rechnungsbetrags, bevor Sie das Lokal verlassen. Sie ersparen so dem Kellner die Peinlichkeit, sich als Almosen-Empfänger zu sehen. Sie brauchen nicht zu befürchten, dass Ihr Trinkgeld in andere Hände als die des Kellners gerät.

Wenn Sie diese kleinen Hinweise beherzigen, so können Sie dasselbe Restaurant getrost erneut besuchen. Beim dritten Mal werden Sie vielleicht schon wie ein Stammgast begrüßt.

Merke: Aussprache- und Grammatikfehler werden leicht verziehen. Unkenntnis der Konventionen und der Umgangsformen nicht!

Übungen

Ersetzen Sie das Akkusativobjekt durch „en":
Remplacez l'objet direct par "en":

1. Elle commande un thé.

2. Nous préparons des crêpes Suzette.

3. Les clients réservent une table.

4. J'achète de la confiture.

5. Ils ont des bagages.

6. Le serveur apporte des verres.

7. Nous demandons de l'eau minérale.

8. M. Condé a une voiture.

9. Au goûter les enfants mangent du chocolat.

10. Les touristes achètent un plan de ville.

11. Je voudrais réserver une chambre.

12. Le monsieur désire déguster des vins.

13. Ils veulent prendre un dessert.

14. Vous pouvez faire une promenade.

15. Les dames désirent acheter des timbres.

„En" oder „y"?
"En" ou "y"?

1. Les clients restent au restaurant.

2. Ils vont à Versailles.

3. M. Condé rentre du bureau.

4. Les touristes sont d'Allemagne.

5. Nous allons au café.

Beantworten Sie die folgenden Fragen bejaht, indem Sie „en" bzw. „y" verwenden:
Répondez par l'affirmative en employant "en" ou "y":

1. Avez-vous de l'argent français?

   Oui, _____

2. Travaillez-vous à l'hôtel Mercure?

   Oui, _____

3. Prennent-ils des cailles?

   Oui, _____

4. Cherchez-vous un taxi?

   Oui, _____

5. Les touristes ont-ils une réclamation?

   Oui, _____

6. Avez-vous des prospectus?

   Oui, _____

7. Veux-tu un café?

   Oui, _____

8. La dame réserve-t-elle une chambre?

   Oui, _____

9. Les clients ont-ils des cartes de crédit?

   Oui, _____

10. Allez-vous au théâtre?

    Oui, _____

Beantworten Sie die folgenden Fragen verneint, indem Sie „en" bzw. „y" verwenden:
Répondez par la négative en employant "en" ou "y":

1. Faites-vous une excursion?

    Non, _____

2. Mangent-ils des fruits de mer?

    Non, _____

3. Habites-tu à Paris?

    Non, _____

4. Cherchent-ils une boutique?

    Non, _____

5. Les employés mangent-ils à la cantine?

    Non, _____

6. Avez-vous un catalogue?

    Non, _____

7. Logent-ils à l'hôtel Ritz?

    Non, _____

8. Achètes-tu des verres?

    Non, _____

9. Prends-tu une mousse au chocolat?

    Non, _____

10. Les touristes sont-ils de Hambourg?

    Non, _____

Übersetzen Sie:
Traduisez:

1. Willst du einen Orangensaft? Nein, ich möchte keinen.

    _____

2. Arbeiten Sie im Hotel ? Nein, da arbeite ich nicht.

    _____

3. Bestellen die Gäste ein Omelett? Nein, sie bestellen keins.

    _____

4. Haben Sie Zigaretten? Nein, wir haben keine.

5. Geht ihr in die Kantine? Ja, dahin gehen wir.

6. Kaufen Sie Obst? Ja, ich kaufe welches.

7. Essen Sie Salat? Ja, ich esse welchen.

8. Bringt der Kellner Brot? Ja, er bringt welches.

9. Suchen Sie einen Platz? Ja, ich suche einen.

10. Bleiben sie in Paris? Ja, sie bleiben da.

Mesdames, Messieurs,

Sie haben in kurzer Zeit schon sehr viel gelernt (bravo!) und sich eine kleine Verschnaufpause redlich verdient!
Wie wäre es jetzt mit einem französischen Frühstück? Sie wissen ja, was Sie dazu brauchen. Verwöhnen Sie sich ein wenig. Spielen Sie Kellner und Gast. Fragen Sie sich gegenseitig nach Ihren Wünschen und Vorlieben, und vergessen Sie die Zauberwörtchen „bitte" und „danke" nicht.
Sprechen Sie so viel Französisch wie möglich – Sie werden sehen, dass Sie schon viel mehr können, als Sie glauben – und fürchten Sie sich nicht vor Fehlern! Bon appétit!
Sie können natürlich auch unverzüglich weiterarbeiten.
Veuillez me suivre!

Escripteau

MENU RABELAISIEN
POUR LE MARSDI 19 DE MAY 1964 (An XIII de Panurge)
par ordre d'entrée en bousche

Couvert
Desjeuner : 4,00
Nuitée : 5,00
Avec jarretière
d'Honneur
(garter familias)
& Suspense de Luxe
(loaf of love)

✱

LE BRAGUIBUS ou LA QUEUE DE COQ

✱

PREMIERE ASSIETE
LE COUILLON DE LESGUMES : 6,00
LA MOUELLE SUBSTANTIFIQUE : 8,00
LE CAVIAT D'ABUNDANCE : 30,00
LES VRAYES COCHONNERIES TOURANGELLES : 12,00

✱

LE CHAPPEAU MELON : 10,00
LES VERGES FOLLES : 15,00
LA TRUYTE DE SCHUBERT : 13,00
(avec accompagnement d'orchestre)
LA PESCHE MIRACULEUSE : 12,00
LE BOUDIN D'EAUE DOULCE : 12,00
L'HOMELAICTE EMPLUMÉE TOURNEMOULE : 8,00
LES CORNARDS EN POTZ-DE-CHAMBRE : 13,00
✱ L'ARCHE DE NOÉ : 15,00
LES QUENELLES FRANÇOYS Ier : 12,00
LE HOMAR ALCOFRIBAS : 20,00
LES CUISSEAULX DE GRENOILLES PRIME-SAULTIÈRES : : 15,00
LA LANGUOUSTE PANTAGRUEL *(selonc la groisseur de la beste)*

✱

SECONDE ASSIETE
LE COQ A L'ASNE : 12,00
LE QUANART ENCHAAINÉ : 15,00 par personne *(à partir de deux convives)*
✱ LA COUSTE DE PORC DE REYNE : 12,00
✱ LA MINUTE DE RABELAIS : 15,00
✱ LA COUSTE DE VEAU LUPTÉE : 15,00
LES COUILLONS DE MOUTON BRAGUIBUS : 12,00
LE FAMEUX HAULT-DE-FESSE A LA PANURGE : 18,00
✱ LE TOURNEDOS DEVINIÈRE : 18,00
LES COUSTELETTES D'AIGNEAU BELLANT : 15,00
✱ LE POULLET HENRY VIII : 12,00
✱ LE ROIGNON DE VEAU FRIPPESAULCE : 15,00
LA CERVELLE PHILOSOPHALLE : 15,00

✱

LE COULP DE LA VEUFVE : *Gracieusement*

✱

ISSUE DE TABLE
LE CUEUR DE SALLADE EN COUILLE-A-L'ÉVESQUE : 3,00
ENTOMMEURES DE FOURMAIGES : 4,00

✱

LES GAULLOYSERIES DU CHIEF
La Cueilloite de Freises en Chemise : 5,00
Le Grate-Cu : 4,00
La Tarte Conjugale : 4,00
La Bombe Crottée Bergière : 4,00
Les Crespes Soubz-Ventrières : 5,00
Le Vœu de la Nonne : 4,00

✱

FRUICTAIGES DU VERGER D'ÉPICURE

✱

LE PHYLTRE D'AMOUR : 3,00
LE GROS-DODO : 3,00

✱

L'EAUE-DE-VITS DES PRESBYTES
LA PISSE CHAULDE

✱

POUR LES DAMES:
La Boutonnière du Soir offerte par le patron

✱ Nota-Bene : *Ces plats peuvent être simplement pochés ou grillés.*   VOYEZ LE DARRIERE ☞
Verte Folium

8. Die Zahlen
Les nombres

1. Die Kardinalzahlen
Les nombres cardinaux

0	zéro	20	vingt	60	soixante	300	trois cents
1	un/une	21	vingt et un	61	soixante et un		
2	deux	22	vingt-deux			1.000	mille
3	trois	23	vingt-trois	70	soixante-dix	1.001	mille un
4	quatre	24	vingt-quatre	71	soixante et onze		
5	cinq	25	vingt-cinq	72	soixante-douze	2.000	deux mille
6	six	26	vingt-six				
7	sept	27	vingt-sept	80	quatre-vingts	100.000	cent mille
8	huit	28	vingt-huit	81	quatre-vingt-un		
9	neuf	29	vingt-neuf			1.000.000	un million
10	dix			90	quatre-vingt-dix		
11	onze	30	trente	91	quatre-vingt-onze		
12	douze	31	trente et un	92	quatre-vingt-douze		
13	treize						
14	quatorze	40	quarante	100	cent		
15	quinze	41	quarante et un	101	cent un		
16	seize						
17	dix-sept			200	deux cents		
18	dix-huit	50	cinquante	201	deux cent un		
19	dix-neuf	51	cinquante et un				

Merke:

un [œ̃]
aber: un apéritif [œ̃naperitif]
le un, la une [ləœ̃ | layn(ə)]   nicht apostrofiert

deux [dø]
aber: deux apéritifs [døzaperitif]

trois [tRwa]
aber: trois express [tRwazɛkspRɛs]

cinq [sɛ̃:k]
aber: cinq chambres [sɛ̃:ʃɑ̃bR(ə)]

six [sis]
aber: six oeufs [sizø]
      six paquets [sipakɛ]

huit [yit]
aber: huit verres [yiwɛ:R(ə)]
      le huit [ləyit]   nicht apostrofiert

neuf [nœf]
aber: neuf assiettes [nœvasjɛt(ə)]

dix [dis]
aber: dix aubergines [dizobɛRʒin(ə)]
      dix potages [dipɔta:ʒ(ə)]

onze [õz(ə)]
aber: le onze [ləõz(ə)]   nicht apostrofiert

quatre-vingts, deux cents, trois cents, etc. verlieren das -s, wenn ein weiteres Zahlwort folgt.

2. Die Ordnungszahlen
Les nombres ordinaux

le premier…	la première…	der, die, das erste…
le deuxième…	la deuxième…	der, die, das zweite…
le troisième…	la troisième…	der, die, das dritte…
le quatrième…	la quatrième…	der, die, das vierte…
le cinquième…	la cinquième…	der, die, das fünfte…

Abkürzungen: **le 1er, la 1ère**
le 2me, la 2me   oder: **le 2e, la 2e**
le 3me, la 3me   oder: **le 3e, la 3e**
le 4me, la 4me   oder: **le 4e, la 4e**
le 5me, la 5me   oder: **le 5e, la 5e**

Mitunter wird das **me** oder **e** auch nach oben gestellt: le, la 2me oder le, la 2e, etc.

Mit Ausnahme des ersten eines jeden Monats notiert man das Datum mit den Kardinalzahlen:

Marseille, le 1er janvier…
Toulouse, le 20 décembre…

Vokabeln

le numéro	Nummer	**le numéro de téléphone**	Telefonnummer
l'indicatif, m.	Vorwahl	**la toque**	(Koch)mütze

Übungen

Lesen Sie die folgenden Telefonnummern:
Lisez les numéros de téléphone suivants:

Paris: Indicatif: 0033 1

01 45 08 44 80	Carpaccio des Halles	13	toques
01 42 86 82 82	Carré des Feuillants	19	toques
01 42 96 56 27	Le Grand Vefour	18	toques
01 44 58 10 50	Le Meurice	16	toques
01 42 78 51 45	L'Ambroisie	19	toques
01 43 54 18 95	Le Vieux Bistro	13	toques
01 43 54 23 31	La Tour d'Argent	18	toques
01 46 33 22 57	Chez Albert	13	toques
01 43 54 70 00	Le Chat Grippé	14	toques
01 49 54 46 90	Le Paris	16	toques
01 47 05 47 96	Le Bourdonnais	18	toques
01 45 55 61 44	Jules-Verne, Tour Eiffel	17	toques
01 44 71 16 16	Les Ambassadeurs	17	toques
01 47 23 70 60	Fouquet's	13	toques
01 43 59 53 43	Lasserre	15	toques
01 42 65 27 94	Maxim's	15	toques
01 44 95 15 01	Taillevent	19	toques
01 47 04 24 53	Faugeron	18	toques
01 47 27 12 27	Robuchon	19,5	toques
01 46 33 93 98	L' Orangerie	13	toques

Lyon: Indicatif: 0033

05 78 37 38 64	Christian Bourrillot	15	toques
05 78 39 58 58	L' Italien de Lyon	13	toques
05 78 28 24 54	Le Nord	13	toques
05 72 61 15 69	L' Alexandrin	16	toques

05 78 37 25 90	La Tour Rose	17	toques
05 78 89 82 92	Cazenove	14	toques
05 72 27 85 85	Paul Bocuse	19	toques
05 78 91 82 02	Alain Chapel	19	toques

Nice: Indicatif: 0033

05 93 85 67 95	Don Camillo	16	toques
05 93 62 37 03	Les Préjugés du Palais	16	toques
05 93 88 39 51	Chantecler	18	toques

Wenn Sie von Frankreich aus mit Ihren Lieben („êtres chers") telefonieren wollen, so wählen Sie 00, warten den Summton ab, wählen dann die 49 und die Städtevorwahlnummer unter Weglassung der Null und schließlich die gewünschte Rufnummer.
Alors, quel est votre numéro de téléphone?
(Wie ist Ihre Telefonnummer?)

3. Die Uhrzeit
L' heure

Quelle heure est-il, s'il vous plaît? **Avez-vous l'heure (exacte), s'il vous plaît?**	Wie spät ist es, bitte?
Il est 10 heures du matin.	Es ist 10 Uhr morgens.
Il est 10 heures du soir.	Es ist 10 Uhr abends.
Il est 22 heures.	Es ist 22 Uhr.
Il est 10 h(eures) 5.	Es ist 5 (Minuten) nach 10.
Il est 10 h 10.	Es ist 10 Uhr 10.
Il est 10 h et (le/un) quart.	Es ist Viertel nach 10.
Il est 10 h 20.	Es ist 20 (Minuten) nach 10.
Il est 10 h et demie.	Es ist 10 Uhr 30 / halb elf.
Il est 10 h 35.	Es ist 10 Uhr 35 / 5 nach halb elf.
Il est 11 h moins 20.	Es ist 20 (Minuten) vor 11.
Il est 11 h moins (le/un) quart.	Es ist Viertel vor 11.
Il est 11 h moins 5.	Es ist 5 (Minuten) vor 11.
Il est midi.	Es ist 12 Uhr mittags.
Il est minuit.	Es ist Mitternacht.

Übungen

Lesen Sie die Abfahrts- und Ankunftszeiten:
Lisez les heures de départ et d'arrivée:

	Paris	–	Nantes	–	Le Croisic		
	N° du TGV[1]	8947	8849	8955	8957	8975	9093
H O R A I R E	Paris-Montparnasse	16:15	16:50	17:25	17:30	19:25	20:25
	Le Mans		17:44				
	Sablé						
	Angers		18:24				21:36
	Nantes	18:13	19:01	19:27	19:29	21:27	
	Saint-Nazaire			20:03	20:06	22:03	
	La Baule			20:18		22:21	
	Le Croisic			20:29		22:35	22:53

[1] Train à Grande Vitesse (Hochgeschwindigkeitszug)

Beispiele:

Le train part à 16 h 15 de Paris-Montparnasse.
Il arrive à 18 h 13 à Nantes.

Der Zug fährt um 16 Uhr 15 von Paris-Montparnasse ab.
Er kommt um 18 Uhr 13 in Nantes an.

	Genève	–	Lyon			
	N° du TGV	4711	4712	4714	4747	4750	4763
H O R A I R E	Genève	1:30	6:30	10:38	12:51	22:28	23:39
	Bellegarde	2:10	7:11	11:21	13:22	23:09	
	Culoz	2:35	7:35	11:45	13:43	23:34	0:34
	Amberien		8:14	12:23	14:14		
	Lyon-Perrache	3:50	8:50	12:58	14:50	0:41	1:32

Wenn Sie in Paris sind, so versäumen Sie doch bitte nicht, zum „Gare de Lyon" zu fahren. Dort können Sie nicht nur den TGV besteigen, sofern Sie eine Platzreservierung ergattert haben, sondern Sie haben auch die Gelegenheit, eines der prächtigsten Bahnhofsrestaurants der Welt, „Le Train Bleu", kennenzulernen. Die Ausstattung ist atemberaubend schönes „Belle Epoque", die Speisen sind solide und schmackhaft zubereitet, der Service ist aufmerksam, und das alles zusammen rechtfertigt durchaus die Höhe der Preise.

Vokabeln

l'heure, f.	Stunde, Uhrzeit	**le soir**	Abend; abends
le quart d'heure	Viertelstunde	**la soirée**	Abend(veranstaltung)
la demi-heure [2]	Halbestunde	**le quart**	Viertel
le jour	Tag	**demi(e)**	halb, e
la journée [3]	Tag	**moins**	weniger
le matin	Morgen; morgens	**l'horaire**, m.	Stunden-, Fahrplan
la matinée	Morgen(vorstellung)	**partir**	abreisen, abfahren

[2] la demi-heure, aber: une heure et demie
[3] Für die reine Zeitangabe verwendet man die maskuline Form. Sind der zeitliche Verlauf oder die Dauer oder während der Zeit stattfindende Aktivitäten gemeint, benutzt man die feminine Form des Wortes.

arriver	ankommen	**octobre**	Oktober
la semaine	Woche	**novembre**	November
lundi	Montag	**décembre**	Dezember
mardi	Dienstag	**la saison**	Jahreszeit
mercredi	Mittwoch	**le printemps**	Frühling
jeudi	Donnerstag	**l'été**, m.	Sommer
vendredi	Freitag	**l'automne**, m.	Herbst
samedi	Samstag	**l'hiver**, m.	Winter
dimanche	Sonntag	**les vacances**, f.	Ferien, Urlaub
l'an, m.	Jahr	**les vacances scolaires**, f.	Schulferien
l'année, f.	Jahr(esverlauf)	**les vacances de Février**	Februarferien
le mois	Monat	**le Noël**	Weihnachten
janvier	Januar	**Pâques**, pl. f.	Ostern
février	Februar	**en janvier**	im Januar
mars	März	**au printemps**	im Frühling
avril	April	**en été**	im Sommer
mai	Mai	**en automne**	im Herbst
juin	Juni	**en hiver**	im Winter
juillet	Juli	**l'arrivée**, f.	Ankunft
août	August	**le départ**	Abfahrt
septembre	September		

Die Wochentage, Monate und Jahreszeiten sind maskulin!

	partir (abreisen, abfahren)	
1. Person Singular	**je pars**	ich reise/fahre ab
2. Person Singular	**tu pars**	du reist/fährst ab
3. Person Singular	**il, elle part**	er, sie, es reist/fährt ab
1. Person Plural	**nous partons**	wir reisen/fahren ab
2. Person Plural	**vous partez**	ihr reist/fahrt ab / Sie reisen/fahren ab
3. Person Plural	**ils, elles partent**	sie reisen/fahren ab
2. Partizip (participe passé)	**parti, e**	abgereist, abgefahren

à	+	la	=	à la	bis … hin, zum, zur
à	+	le	=	au	in den, in die, in das; in die
à	+	l'	=	à l'	an den, auf die, auf das; an die
à	+	les	=	aux	auf den, auf die, auf das, auf die, nach, usw.

Veuillez me suivre © FELDHAUS VERLAG, Hamburg

Übungen

Übersetzen bzw. vervollständigen Sie gegebenenfalls:
Traduisez ou complétez, le cas échéant:

1. Der Frühling dauert (ist) vom 20. März bis zum 20. Juni.

2. Der Sommer dauert (ist) vom 21. Juni bis zum 21. September.

3. Der Herbst dauert (ist) vom 22. September bis zum 20. Dezember.

4. Der Winter dauert (ist) vom 21. Dezember bis zum 19. März.

5. In Frankreich dauern (sind) die Weihnachtsferien vom 20. Dezember bis zum 7. Januar.*

6. Die Februarferien dauern (sind) vom 16. Februar bis zum 27. Februar.

7. Die Osterferien dauern (sind) vom 31. März bis zum 16. April.

8. Die Sommerferien dauern (sind) vom 29. Juni bis zum 6. September.

9. Der Montag ist der erste Tag der Woche.

10. Der Sonntag ist der siebente Tag der Woche.

11. Der Freitag ist der fünfte Tag der Woche.

12. Der Mittwoch ist der dritte Tag der Woche.

13. Der Samstag ist der sechste Tag der Woche.

14. Der Dienstag ist der zweite Tag der Woche.

15. Der Monat Mai ist der _____ Monat des Jahres.

16. Der Monat August ist der _____ Monat des Jahres.

17. Der Monat November ist der _____ Monat des Jahres.

18. Der Monat Juni ist der _____ Monat des Jahres.

* Die Ferientermine variieren von Region zu Region.

19. Der Monat Februar ist der _____ Monat des Jahres.

20. Paris, 14. Juli ____

21. Caen, 1. März ____

22. Lyon, 29. Dezember ____

23. Nizza, 13. April ____

24. La Rochelle, 16. Januar ____

25. Cannes, 2. Oktober ____

26. Beaune, 30. September ____

27. Es ist 8:15 Uhr.

28. Es ist 12:30 Uhr.

29. Es ist 0:20 Uhr.

30. Es ist 10:50 Uhr.

31. Es ist 6:25 Uhr.

32. Es ist 19:05 Uhr.

33. Es ist 7:45 Uhr.

34. Es ist 15:10 Uhr.

35. Es ist 12:00 Uhr mittags.

Panurge XVII
Paris by Knight

SI PANURGE M'ESTOIT CONTÉ

THE RIOTOUS MOUTON
Well, here's the damnedest place you ever got into. It is a prime favorite with many serious gourmets, both male and female: food's excellent, wine list is good, mirth runs riot, and prices are fair.
— Charles H.-Baker Jr. (Esquire)

PARIS AFTER DARK
A Paris restaurant that would never get by the Boston censors. Based on the Rabelaisien theory that laughter is the right of man, « Au Mouton de Panurge » is fammed seven days a week for both lunch and dinner. — Art Buchwald
(The New York Herald Tribune)

ALCOFRIBAS TIENT ÉCOLE
Pour honorer Rabelais, il n'est pas de meilleur maître-autel que le « Mouton de Panurge ». Max Favalelli (Ici-Paris)

AU MOUTON DE PANURGE
Ici triomphent la cuisine et l'esprit français. Spectacle cocasse pour les « fines gueules ! » Et les amateurs d'autographes s'en donnent à signatures-que-j'en-veux.
— Maurice Ciantar (Combat)

J'AI DÎNÉ CHEZ RABELAIS
Ce restaurant, l'un des hauts lieux de la vie parisienne, disperse la vertu des Dames encore plus rapidement que M. Errol Flynn...
— Gilbert Ganne (Opera)

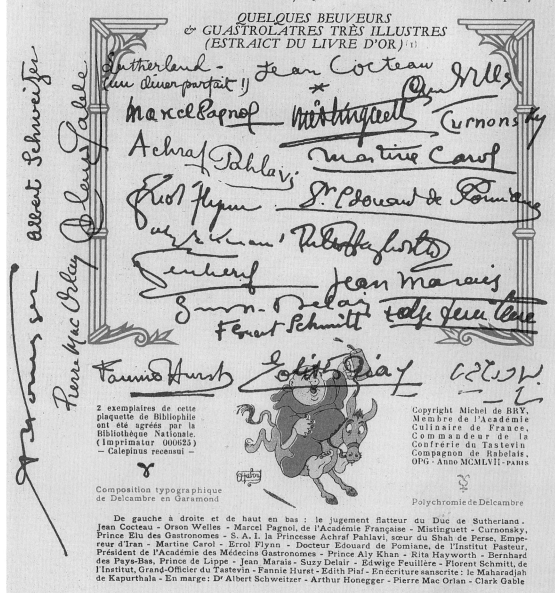

QUELQUES BEUVEURS & GUASTROLATRES TRÈS ILLUSTRES (ESTRAICT DU LIVRE D'OR) (1)

2 exemplaires de cette plaquette de Bibliophile ont été agréés par la Bibliothèque Nationale.
(Imprimatur 000625)
— Calepinus recensui —

Composition typographique de Delcambre en Garamond

Copyright Michel de BRY, Membre de l'Académie Culinaire de France, Commandeur de la Confrérie du Tastevin, Compagnon de Rabelais. OPG - Anno MCMLVII - PARIS

Polychromie de Delcambre

De gauche à droite et de haut en bas : le jugement flatteur du Duc de Sutherland. Jean Cocteau - Orson Welles - Marcel Pagnol, de l'Académie Française - Mistinguett - Curnonsky, Prince Elu des Gastronomes - S. A. I. la Princesse Achraf Pahlavi, sœur du Shah de Perse, Empereur d'Iran - Martine Carol - Errol Flynn - Docteur Edouard de Pomiane, de l'Institut Pasteur, Président de l'Académie des Médecins Gastronomes - Prince Aly Khan - Rita Hayworth - Bernhard des Pays-Bas, Prince de Lippe - Jean Marais - Suzy Delair - Edwige Feuillère - Florent Schmitt, de l'Institut, Grand-Officier du Tastevin - Fannie Hurst - Edith Piaf - En écriture sanscrite : le Maharadjah de Kapurthala - En marge : Dr Albert Schweitzer - Arthur Honegger - Pierre Mac Orlan - Clark Gable

9. Das Adjektiv (Eigenschaftswort)
L'adjectif qualificatif

1. Die Veränderlichkeit

Das Adjektiv richtet sich in Zahl und Geschlecht nach dem Substantiv, das es näher bestimmt.

maskulin Singular = Grundform		feminin Singular	maskulin Plural	feminin Plural
joli	hübsch	jolie	jolis	jolies
grand	groß	grande	grands	grandes
petit	klein	petite	petits	petites

Ebenso:

chaud	heiß, warm	ravissant	bezaubernd
clair	hell, klar	intéressant	interessant
froid	kalt; kühl	important	bedeutend, wichtig
rond	rund	content	zufrieden
excellent	ausgezeichnet	gratuit	gratis
élégant	elegant	lourd	schwer
charmant	charmant		

maskulin Singular = Grundform		feminin Singular	maskulin Plural	feminin Plural
propre	sauber	propre	propres	propres
sale	schmutzig	sale	sales	sales
moderne	modern	moderne	modernes	modernes

Adjektive, die in der Grundform auf –e enden, erhalten nur ein Plural –s.

Ebenso:

médiocre	mittelmäßig	extraordinaire	außerordentlich
vaste	geräumig; weit	agréable	angenehm
simple	einfach	aimable	liebenswürdig
superbe	hervorragend, super	impeccable	makellos
sympathique	sympathisch	confortable	bequem
riche	reich	rose	rosa
calme	ruhig	pourpre*	purpurfarben

* Adjektive, die von Substantiven abgeleitet sind und Farben bezeichnen sowie zusammengesetzte Adjektive (s. Anm. 8)

maskulin Singular = Grundform		feminin Singular	maskulin Plural	feminin Plural
spacieux	geräumig	spacieuse	spacieux	spacieuses
heureux	glücklich	heureuse	heureux	heureuses
luxueux	luxuriös	luxueuse	luxueux	luxueuses

x – se   x = Pluralzeichen

Ebenso:

fameux	berühmt	**respectueux**	respektvoll
chaleureux	warm(herzig)	**délicieux**	köstlich
savoureux	schmackhaft		

maskulin Singular = Grundform	feminin Singular	maskulin Plural	feminin Plural
ponctuel — pünktlich	ponctuelle	ponctuels	ponctuelles
traditionnel — traditionell	traditionnelle	traditionnels	traditionnelles
fonctionnel — zweckmäßig	fonctionnelle	fonctionnels	fonctionnelles
ancien — ehemalig; alt	ancienne	anciens	anciennes
faux — falsch	fausse	faux	fausses
gentil — nett	gentille	gentils	gentilles
neuf — neu	neuve	neufs	neuves
blanc — weiß	blanche	blancs	blanches
cher — lieb, teuer	chère	chers	chères
léger — leicht	légère	légers	légères
frais — frisch; kühl	fraîche	frais	fraîches
sec — trocken	sèche	secs	sèches
complet — voll(ständig), ausgebucht	complète	complets	complètes
long — lang	longue	longs	longues
bon — gut	bonne	bons	bonnes
spécial — besonders	spéciale	spéciaux	spéciales
gros — dick	grosse	gros	grosses
beau / **bel**, vor Vokal bzw. **h** — schön	belle	beaux	belles
nouveau / **nouvel**, vor Vokal bzw. **h** — neu	nouvelle	nouveaux	nouvelles
vieux / **vieil**, vor Vokal bzw. **h** — alt	vieille	vieux	vieilles

Aber:

coûter cher	teuer sein	
payer cher	teuer (be)zahlen	**sind unveränderlich**
acheter cher	teuer kaufen	
vendre cher	teuer verkaufen	

2. Die Stellung des Adjektivs

Für die Stellung des Adjektivs gibt es keine absolute Regel. Grundsätzlich gilt, dass das Adjektiv nach dem Substantiv steht, das es bestimmt.
Sehr häufig gebrauchte und kurze Adjektive stehen fast immer vor dem Substantiv.

Beispiele: beau, bon, cher, grand, haut, jeune, joli, gros, petit, vieux.

Bei einigen Adjektiven ändert sich mit der Stellung auch die Bedeutung.

Beispiele:
un **ancien** hôtel	ein ehemaliges Hotel
un hôtel **ancien**	ein altes Hotel
un **grand** homme	ein bedeutender Mann
un homme **grand**	ein großer Mann (Körpergröße)
la **dernière** semaine	die letzte Woche (z. B. der Ferien)
la semaine **dernière**	vorige Woche

Adjektive, die Farben, Formen, Konfessionen, Nationalitäten und politische Zugehörigkeiten bezeichnen, werden nahezu **immer** nachgestellt.

Beispiele:
Voilà une pomme **rouge**.	Da ist ein roter Apfel.
Je préfère les tables **rondes**.	Ich mag lieber runde Tische.
C'est un prêtre **catholique**.	Das ist ein katholischer Priester.
Il achète un journal **français**.	Er kauft eine französische Zeitung.
Elle vote pour le parti **libéral**.	Sie wählt die liberale Partei.

Merke:
Il achète des vins **de France**.	Er kauft französische Weine.
J'aime la crème **fraîche**.	Ich mag Sauerrahm.

In der gehobenen Sprache wird der Teilungsartikel **des** vor dem Adjektiv (bei Stellung des Adjektivs **vor** dem Substantiv) zu **de**.

Beispiele:
A Paris il y a **des** hôtels.	In Paris gibt es Hotels.
A Paris il y a **de grands** hôtels.	In Paris gibt es große Hotels.
Nous dînons avec **des** amis.	Wir essen mit Freunden zu Abend.
Nous dînons avec **de bons** amis.	Wir essen mit guten Freunden zu Abend.

Sie haben es sicher schon bemerkt!
Die korrekte Stellung des Adjektivs ist kaum vermittelbar, weil sie weniger von der Beherrschung grammatikalischer Regeln als vom Sprachgefühl und von der Redeabsicht abhängt.
Immerhin können Sie den Fehlerquotienten niedrig halten, wenn Sie sich nach den hier aufgeführten Regeln richten.
*Berücksichtigen Sie aber den Wandel von **des** zu **de**. Im Kontakt mit den Hotelgästen sollten Sie so kultiviert wie möglich sprechen.*

Vokabeln

joli,e	hübsch	sympathique	sympathisch
grand,e	groß	riche	reich
petit,e	klein	calme	ruhig
chaud,e	warm; heiß	extraordinaire	außergewöhnlich
clair,e	hell; klar	agréable	angenehm
froid,e	kalt	aimable	liebenswürdig
rond,e	rund	impeccable	makellos
lourd,e	schwer	confortable	bequem
élégant,e	elegant	rose	rosa
charmant,e	charmant	pourpre	purpurfarben
ravissant,e	bezaubernd	spacieux,se	geräumig
intéressant,e	interessant	heureux,se	glücklich
excellent,e	ausgezeichnet	luxueux,se	luxuriös
important,e	wichtig; bedeutend	fameux,se	berühmt
content,e	zufrieden	savoureux,se	schmackhaft
gratuit,e	gratis, kostenlos	délicieux,se	köstlich
propre	rein, sauber	chaleureux,se	warm(herzig)
sale	schmutzig	respectueux,se	respektvoll
moderne	modern	ponctuel,le	pünktlich
médiocre	mittelmäßig	traditionnel,le	traditionell
vaste	geräumig; weit	fonctionnel,le	zweckmäßig
simple	einfach	ancien,ne	ehemalig; alt
superbe	großartig	faux, fausse	falsch
mûr,e	reif	gentil,le	nett
neuf, neuve	(fabrik)neu	blanc, blanche	weiß
cher, chère	lieb; teuer	léger, légère	leicht
frais, fraîche	frisch; kühl	sec, sèche	trocken
complet, complète	voll(ständig); ausgebucht	long, longue	lang
bon, bonne	gut	spécial,e	Sonder-
gros, grosse	dick	beau, bel, belle	schön
nouveau, nouvel, nouvelle	neu	vieux, vieil, vieille	alt
le bain	Bad	la salle de bain(s)	Badezimmer
le service	Bedienung; Dienstleistung	la serviette	Serviette; Handtuch
le tarif	Preis(angabe)	le spectacle	Schauspiel
la cuisine	Küche	la spécialité	Spezialität
l'idée, f.	Idee, Vorstellung	la nappe	Tischtuch
l'équipement, m.	Ausstattung	la réduction	(Preis)nachlass
la feuille	Blatt	l'entrée, f.	Vorspeise, Zwischengericht
la nuit	Nacht	l'assiette, f.	Teller
la brioche	Brioche, Apostelkuchen, Prophetenkuchen. Feinster Hefeteig mit wenig Zucker, aber mit viel Butter und vielen Eiern. Frühstücksgebäck. Mit verschiedenen Füllungen werden Brioches auch als Vorspeise oder Zwischengericht gereicht.	qn prend de la brioche	jmd. hat/bekommt einen Bauch (Ironische Anspielung auf die Wölbung, die den oberen Teil der traditionellen Brioche bildet.)
		le chien	Hund
		la rose	Rose
		la maison	Haus

Übungen

Gleichen Sie das Adjektiv an:
Mettez la forme correcte de l'adjectif qualificatif:

1. les clients (aimable)

2. les serviettes (propre)

3. les assiettes (sale)

4. le service (impeccable)

5. le spectacle (extraordinaire)

6. les tarifs (spécial)

7. la spécialité (français)

8. la cuisine (nouveau)

9. la nappe (blanc)

10. les salades (frais)

11. l'idée (faux)

12. la brioche (sec)

13. l'équipement (fonctionnel)

14. les vins (rouge)

15. la réduction (important)

16. les serveurs (gentil)

17. l'entrée (froid)

18. la soupe (délicieux)

19. le beaujolais (nouveau)

20. le chien (petit)

21. les fruits (mûr)

22. la feuille (vert)

23. les problèmes (grand)

24. la salle de bain(s) (spacieux)

25. la chambre (grand)

Übersetzen Sie:
Traduisez :

1. Ich möchte rote Rosen.

2. Das ist ein neues Hotel.

3. Wir haben hübsche Zimmer.

4. Sie ist nicht pünktlich.

5. Wo sind die großen Teller?

6. Die Gäste sind zufrieden.

7. Das ist ein guter Platz.

8. Wir haben gute Freunde.

9. Das Haus ist ausgebucht.

10. Gute Nacht!

LES FILS DE VICTOR MICHEL, Gr.

10. Die Vergleichsformen des Adjektivs (Steigerung) [1] s. Anm. 9

Les degrés de l'adjectif

Positiv Grundform	cher	teuer	
Komparativ Vergleichsstufe (1. Steigerungsform)	**plus** cher **moins** cher	teurer preiswerter (weniger teuer)	
Superlativ Höchststufe (2. Steigerungsform)	C'est **le plus** cher vin. C'est **le moins** cher vin.	Das ist der teuerste Wein. Das ist der preisweriteste (am wenigsten teure) Wein.	
Komparativ gleichen Grades Vergleich gleichen Grades	Le vin blanc est **aussi** cher **que** le vin rouge.	Der Weißwein ist ebenso teuer wie der Rotwein.	
Merke:	Das Adjektiv richtet sich auch im Komparativ und im Superlativ in Zahl und Geschlecht nach dem Substantiv, auf das es sich bezieht. Der zweite Teil des Vergleichs wird durch **que** eingeleitet.		

Beispiel: La chambre 311 est **plus** grande que la chambre 216.   Das Zimmer 311 ist größer als das Zimmer 216.

Nach **plus** + Zahlenangabe steht meistens **de**.

Beispiel: La ville de Paris a **plus de** trois millions d'habitants.   Paris hat mehr als drei Millionen Einwohner.

Der Superlativ kann immer dem Substantiv folgen. Dann muss der bestimmte Artikel wiederholt werden.

Beispiele: C'est **le** vin **le plus** cher.   Das ist der teuerste Wein.

"Julien", dans la Rue du Faubourg-St. Denis est peut-être **la** brasserie **la plus** belle de Paris.   „Julien", in der Rue du Faubourg-St. Denis, ist vielleicht das schönste Restaurant von Paris.

Les truffes sont **les** champignons **les plus** coûteux au monde.   Die Trüffeln sind die teuersten Pilze der Welt.

Ausnahmen: **Bon** (gut) und **mauvais**[2] (schlecht; schlimm) haben unregelmäßige Steigerungsformen:

bon, bonne	gut
meilleur(e)	besser
le, la, meilleur(e)	der, die, das Beste; am besten
les meilleur(e)s	die Besten
mauvais(e)	schlecht; schlimm
pire	schlechter; schlimmer
le, la, pire	der, die, das Schlechteste; Schlimmste; am schlechtesten; schlimmsten
les pires	die Schlechtesten; Schlimmsten

[2] Hier gibt es auch eine regelmäßige Steigerung.

Beispiele:	La chambre 213 est **bonne**.	Das Zimmer 213 ist gut.
	La chambre 516 est **meilleure**.	Das Zimmer 516 ist besser.
	La chambre 714 est **la meilleure** de l'hôtel.	Das Zimmer 714 ist das beste des Hotels.
	L'état de sa santé est **mauvais**.	Sein Gesundheitszustand ist schlecht.
	L'état de sa santé est **pire** qu'hier.	Sein Gesundheitszustand ist schlechter als gestern.
	C'est **le pire** des problèmes.	Das ist das schlimmste Problem.

Vokabeln

aussi ... que	ebenso ... wie	**la fraise**	Erdbeere
plus ... que/de	mehr ... als	**le vin mousseux**	Schaumwein, Sekt
moins ... que/de	weniger ... als	**hier**	gestern
cher, chère	lieb; teuer	**l'après-midi**, m./f.	Nachmittag
mauvais,e	schlecht; schlimm	**la nuit**	Nacht
coûteux,se	teuer; kostspielig	**l'habitant(e)**, m./f.	Be-, Einwohner(in)
lourd,e	schwer	**le monde**	Welt
gentil,le	nett, freundlich	**l'autre**, m./f.	der, die, das andere
gras, grasse	fett	**le monument**	Monument, (Kultur)denkmal
peut-être	vielleicht	**la voiture**	Auto, Wagen
rapide	schnell	**l'état de santé**, m.	Gesundheitszustand
la brasserie	Restaurant, Lokal	**la fleur**	Blume; Blüte
le gâteau	Kuchen	**le sac**	Tasche; Beutel; Sack
le plat	Speise, Gericht	**porter**	tragen
la truffe	Trüffel	**gagner**	verdienen; gewinnen

Übungen

Vergleichen Sie bzw. steigern Sie gemäß den folgenden Symbolen, und verwenden Sie die korrekte Form des Adjektivs:

Comparez selon les symboles suivants et mettez la forme correcte de l'adjectif qualificatif:

↗ plus + adjectif + que
= aussi + adjectif + que
↘ moins + adjectif + que
↑ le, la, les plus + adjectif
↓ le, la, les moins + adjectif

1. Le vin est _____ l'eau minérale.
   = (frais)

2. La ville de Marseille est _____ la ville de Paris.
   ↘ (grand)

3. Le TGV est le train _____ .
   ↑ (rapide)

4. La valise est _____ le sac.
   ↗ (lourd)

5. Le serveur est _____ la serveuse.
   = (gentil)

6. La chambre n° 13 est _____ la chambre n° 28.
   ↘ (calme)

7. Les gâteaux de Lenôtre sont _____ .
   ↑ (savoureux)

8. Elle porte la robe _____ .
   ↓ (élégant)

9. La Mercedes est _____ la Renault.
   ↗ (grand)

10. Les clients sont _____ les clientes.
    = (sympathique)

11. La tour Eiffel est le monument _____ de Paris.
    ↑ (fameux)

12. La chaise est _____ la table.
    ↘ (cher)

13. Voilà _____ place de la ville.
    ↑ (vieux)

14. Obélix est _____ Astérix.
    ↗ (gros)

15. Les étudiants de l'école d'hôtellerie sont _____ les professeurs.
    = (gentil)

16. Je préfère la viande _____ .
    ↘ (gras)

17. M. et Mme Condé réservent _____ chambre.
    ↑ (bon)

18. La mousse au chocolat est _____ la mousse aux fraises.
    = (délicieux)

19. La limonade est _____ le coca.
    ↗ (frais)

20. Le champagne coûte _____ le vin mousseux.
    ↗ (cher)

AU CAFÉ DE LA PAIX, LE COUVERT EST GRATUIT — DEFINITELY NO COVER CHARGE

Avant de commander, consultez notre CALENDRIER GASTRONOMIQUE

Jour	Plat	Prix
Lundi	Les Scalopini aux pâtes fraîches	9.50
Mardi	Le Coquelet Poêlé Valencia	9.50
Mercredi	Le Jambon Florentine	9.50
Jeudi	Le Poulet sauté Chiquito	9.50
Vendredi	La Coquille de Langouste Parisienne	12.
Samedi	Le Carré de Veau Clamart	9.50
et le Dimanche	Le Gigot d'Agneau Forestière	9.50

MERCREDI 6 JUILLET 1960

MELON NF 9.

HORS D'OEUVRE

Foie Gras d'Alsace NF 15.	Caviar de Russie NF 20.
Oeufs de Saumon 5.50	Jambon de Parme 10.
Escargots la ½ douz. 5.50	Assiette de Saucissons 6.50
Saumon Fumé 12.	Suprême de Grape-Fruit 4.50

LE CHOIX DE HORS D'OEUVRE VARIES 6.
NON SUIVIS DE PLAT 8.

POTAGES

Bisque de la Paix 5.50	Potage Julienne d'Arblay 3.
Soupe à l'Oignon Gratinée 5.50	Consommé Madrilène Froid 3.
Petite Marmite 5.	Consommé de Volaille 3.

OEUFS

Oeufs en Gelée 4.   Oeufs plat nature 4.
Oeufs plat Jambon, Bacon, Omelettes 6.

POISSONS

Feuilleté de Filet de Sole 7.50	Coquille de Langouste
Lobster Cocktail 12.	Maître Pierre 12.
Sole Beaumanoir 9.	Barbue Waleska 8.
Truite aux Amandes 8.	Rouget Baron Brisse 8.50
Saumon froid Parisienne 14.	Merlan Verdi 5.50

Homard et Langouste Mayonnaise S.G.

LE CHEF "JEAN" vous recommande :

Mignon de Veau Romanoff 10.	Poulet Sauté comme en Chalosse 9.
Ris de Veau du Pays d'Auge 10.	Rognon de Veau Opéra 12.

Noisette de Filet Cyrano 9.

GRILLADES ET ROTIS

Foie de Veau grillé Espagnole 10.	Médaillon de Veau Holstein 10.
Tournedos Belle Hélène 11.50	Noisette d'Agneau Italienne 10.
Steak Tyrolienne 10.	Mignonnettes de Filet Strogonoff 9.
Entrecôte Bercy 9.50	Côte d'Agneau Mixed-Grill 12.
Côte de Porc 8.50	Entrecôte Minute 9.50

Chateaubriand Pommes Soufflées 13.

BUFFET FROID

Jambon d'York 8.50	Assiette Anglaise 8.50
Mayonnaise de Volaille 8.	Ballotine de Volaille Truffée 7.50
Terrine de Foies de Volaille 7.50	Langue Ecarlate 7.50

LEGUMES

Champignons Sautés 5.	Asperges Hollandaise 4.50
Epinards au Beurre 4.	Artichaut Vinaigrette 5.
Haricots Verts au Beurre 4.	Spaghetti Bolonaise 5.50
Petits Pois au Beurre 4.	Spaghetti Napolitaine 5.50

Salade de Saison 3.

FROMAGES

Plateau du Maître Fromager 3.50   Fontainebleau à la Crème

DESSERTS

LE GATEAU du jour : LA TARTE AUX FRAMBOISES 4.

Pâtisserie Va iée 2.	Parfait Praliné 3.	Café Liégeois 3.
Soufflé au Choix 4.	Tutu Opéra 3.	Tranche Napolitaine 3.
Coupe de Glace 2.50	Fusée Pacific 3.	Fruits Glacés Opéra 5.
Caprice Tahïtien 3.	Boule de Neige 3.	Fruits Rafraîchis 5.

Ananas au Kirsch 5.   Fruits — selon saison —

Le Service n'est pas compris

RESTAURANT DU CAFE DE LA PAIX - Place de l'Opéra - PARIS Opéra · 35-44

11. Der hinweisende Begleiter (Demonstrativbegleiter)

L'adjectif démonstratif

	Singular		Plural	
maskulin	**ce** verre **cet*** hôtel	dieses Glas dieses Hotel	**ces** verres **ces** hôtels	diese Gläser diese Hotels
feminin	**cette** nappe **cette** orange	dieses Tischtuch diese Apfelsine	**ces** nappes **ces** oranges	diese Tischtücher diese Apfelsinen

* **Cet** wird im Singular vor einem männlichen Substantiv gebraucht, das mit einem Vokal oder einem stummen **h** beginnt.

Der Demonstrativbegleiter kann durch **-ci** oder **-là** verstärkt werden.

Beispiele:	**ce** gâteau**-ci**	dieser Kuchen hier	**ces** gâteaux**-ci**	diese Kuchen hier
	ce gâteau**-là**	dieser Kuchen da	**ces** gâteaux**-là**	diese Kuchen da
	cette table**-ci**	dieser Tisch hier	**ces** tables**-ci**	diese Tische hier
	cette table**-là**	dieser Tisch da	**ces** tables**-là**	diese Tische da

Ausdrücke:	**ce matin**	heute Morgen
	cet/cette après-midi	heute Nachmittag
	ce soir	heute Abend
	cette nuit	heute Nacht

Übungen

Ersetzen Sie den bestimmten Artikel durch den Demonstrativbegleiter:
Remplacez l'article défini par l'adjectif démonstratif:

1. (L') _____ après-midi nous restons à l'hôtel.
2. (Les) _____ clients ont beaucoup de bagages.
3. (Le) _____ consommé est délicieux.
4. (L') _____ été n'est pas agréable.
5. (Le) _____ restaurant ferme le dimanche.
6. (La) _____ valise est très lourde.
7. (Le) _____ plan de ville coûte cher.
8. (L') _____ apprenti travaille à la cuisine.
9. (La) _____ dame est élégante.
10. (Le) _____ vin est trop froid.
11. (Le) _____ serveur est très gentil.
12. (L') _____ orange est très bonne.
13. (La) _____ maison a une bonne réputation.
14. (Le) _____ téléphone ne fonctionne pas.

15. (La) _____ chambre est trop petite.

16. (La) _____ portion est trop grande.

17. (Le) _____ monsieur vient tous les soirs.

18. (Les) _____ verres ne sont pas très propres.

19. (Les) _____ fruits sont mûrs.

20. (Les) _____ serviettes sont blanches.

Übersetzen Sie:
Traduisez:

1. Dieses Hotel ist größer als das andere.

2. Ich möchte eine kleinere Portion Pommes frites.

3. Er kauft die schönsten Blumen.

4. Dieses Zimmer ist kleiner (= weniger groß).

5. Diese Früchte sind am reifsten.

6. Wer hat das größte Auto?

7. Diese Servietten sind ebenso sauber wie das Tischtuch.

8. Das ist der beste Platz.

9. Das Eis ist teurer als der Kuchen.

10. Er verdient mehr als 1.000 €.

11. Wir suchen ein hübscheres Hotel.

12. Diese Suppe ist kälter (= weniger heiß).

13. Ist das das leichteste Gericht?

14. Diese Nachspeisen sind ebenso köstlich wie die anderen.

15. Dieses Zimmer ist besser.

*In unserer Zeit haben sich die Menschen stets für das Außergewöhnliche, das Hervorragende interessiert, und nicht selten haben sie höchst absonderliche Belastungen und Mutproben auf sich genommen, um im „Guinness-Buch der Rekorde" zu erscheinen.*

In einem Altersheim in Arles (Südfrankreich) lebte eine alte Dame, Jeanne Calment, die sich mit einem Superlativ ganz eigener Art schmücken konnte: Sie war der älteste Mensch der Welt! Geboren wurde sie am 21. Februar 1875 in Arles, eine Tatsache, die urkundlich beglaubigt ist. Am 4. August 1997 verstarb Jeanne Calment in Arles.

Mose starb angeblich im Alter von 120 Jahren; der Japaner Izumi wurde 120 Jahre und 237 Tage alt, wobei sein Geburtsdatum nicht einwandfrei belegt ist.

Infolge des Fortschritts in der Medizin und in der Hygiene erhöht sich die Zahl der Hundertjährigen beständig. In Frankreich gibt es davon derzeit fast 5.000, in Deutschland mehr als 4.000. Bis zum Jahr 2050 rechnet man in Frankreich mit mehr als 150.000 Hundertjährigen.

Jeanne Calment aus Arles war zwar inzwischen erblindet und konnte kaum noch hören; aber das hatte sie nicht daran gehindert, noch kurz vor ihrem Tod eine CD mit Funk-Rap, Techno und Dance aufzunehmen.

Es gibt viele Vermutungen darüber, was dieses außergewöhnliche Lebensalter ermöglicht. Vielleicht profitierte diese alte Dame von dem „französischen Paradoxon": in Südfrankreich isst man viel Fett (Gänseleberpastete, Entenkonserven, Öl), was theoretisch zu Herz- und Gefäßkrankheiten führt, aber dennoch gibt es dort die höchste Lebenserwartung der Welt.

Mesdames, Messieurs! Sie wollen auswandern? Bevor Sie das tun, lassen Sie lieber erst Ihren genetischen Code überprüfen – und lernen Sie weiterhin fleißig Französisch!

Veuillez me suivre!

Veuillez me suivre © FELDHAUS VERLAG, Hamburg

ENCAUSTIQUE CHINOISE

Menu

Huîtres de Marennes.

Hors-d'œuvre.

Civet de lièvre.

Langouste Mayonnaise.

Perdreaux rôtis.

Desserts variés.

Vins.

Château-Fabrègues.
(Clos Guizard de Labruyère.)

Nuits. (Clos Tinnière)

Café et Liqueurs.

Cette 17 Septembre 1901.

12. Der besitzanzeigende Begleiter (Possessivbegleiter)

L'adjectif possessif

1. Ein Besitzer

		Singular		Plural	
maskulin	1. Person	**mon**	mein, e	**mes**	meine
	2. Person	**ton**	dein, e	**tes**	deine
	3. Person	**son**	sein, e/ihr, e	**ses**	seine, ihre
feminin	1. Person	**ma**	mein, e	**mes**	meine
	2. Person	**ta**	dein, e	**tes**	deine
	3. Person	**sa**	sein, e/ihr, e	**ses**	seine, ihre

2. Mehrere Besitzer

		Singular		Plural	
maskulin	1. Person	**notre**	unser, e	**nos**	unsere
und	2. Person	**votre**	euer, e/Ihr, e	**vos**	eure/Ihre
feminin	3. Person	**leur**	ihr, e	**leurs**	ihr, e

Merke: Der Possessivbegleiter steht vor seinem Bezugswort und richtet sich in Zahl und Geschlecht nach dem Substantiv, bei dem er steht.

Beispiele:

M. Condé est dans **sa** chambre.	Herr Condé ist in seinem Zimmer.
Mme Condé est dans **sa** chambre.	Frau Condé ist in ihrem Zimmer.
Le monsieur mange **son** steak.	Der Herr isst sein Steak.
La dame mange **son** steak.	Die Dame isst ihr Steak.
Le groom monte les valises à Madame.	
Le groom monte les valises à Monsieur.	
Le groom monte **ses** valises.	Der Hoteldiener bringt seine/ihre Koffer hinauf.

Vor einem weiblichen Substantiv, das mit einem Vokal oder einem stummen h beginnt, steht der männliche Possessivbegleiter (**mon, ton, son**).

Beispiele:

C'est **mon** amie.	Das ist meine Freundin.
Manges-tu **ton** omelette?	Isst du dein Omelett?
C'est **son** addition.	Das ist seine/ihre Rechnung.
C'est **mon** histoire.	Das ist meine Geschichte.

		devoir (müssen, sollen; schulden)	
1. Person Singular		**je dois**	ich muss, soll; schulde
2. Person Singular		**tu dois**	du musst, sollst; schuldest
3. Person Singular		**il, elle doit**	er, sie, es muss, soll; schuldet
1. Person Plural		**nous devons**	wir müssen, sollen; schulden
2. Person Plural		**vous devez**	ihr müsst, sollt; schuldet
			Sie müssen, sollen; schulden
3. Person Plural		**ils, elles doivent**	sie müssen, sollen; schulden
2. Partizip (participe passé)		**dû, due**	gemusst, gesollt; geschuldet

		finir (beenden; aufessen)	
1. Person Singular		**je finis**	ich beende; esse auf
2. Person Singular		**tu finis**	du beendest; isst auf
3. Person Singular		**il, elle finit**	er, sie, es beendet; isst auf
1. Person Plural		**nous finissons**	wir beenden; essen auf
2. Person Plural		**vous finissez**	ihr beendet; esst auf
			Sie beenden; essen auf
3. Person Plural		**ils, elles finissent**	sie beenden; essen auf
2. Partizip (participe passé)		**fini, e**	beendet; aufgegessen

Vokabeln

la chambre	Zimmer	**trop**	zu viel
le steak	Steak	**travailler**	arbeiten
la valise	Koffer	**le mouchoir en papier**	Papiertaschentuch
l'ami, m.	Freund	**l'exercice**, m.	Übung
l'amie, f.	Freundin	**encore**	(immer) noch
l'omelette, f.	Omelett	**les bagages**, m.	Gepäck
devoir	müssen, sollen; schulden	**le plan de ville**	Stadtplan
finir	beenden; aufessen	**toujours**	immer (noch)
la clé	Schlüssel	**la réclamation**	Reklamation
la voiture	Auto	**accepter**	akzeptieren
réparer	reparieren	**l'adresse**, f.	Adresse
le travail	Arbeit	**ranger**	aufräumen
l'affaire, f.	Sache, Angelegenheit, Geschäft	**le billet**	Fahr-(Eintritts)karte
		rencontrer	treffen
garder	behalten	**les lunettes**, f.	Brille
le porte-monnaie	Portemonnaie	**montrer**	zeigen
les devoirs, m.	Hausaufgaben	**la réputation**	Reputation, Ruf
la chaussure	Schuh	**excusez-moi**	entschuldigen Sie, entschuldigt
le jardin	Garten		

Übungen

Ersetzen Sie den bestimmten Artikel durch den entsprechenden Possessivbegleiter:
Remplacez l'article défini par l'adjectif possessif convenable:
(Exemple : Je cherche la clé. — Je cherche **ma** clé.)

1. Elle prépare le dîner.

2. Tu répares la voiture.

3. Nous faisons le travail.

4. Je paie l'addition.

5. Les clients sont dans la chambre.

6. M. Condé range les affaires.

7. Ils gardent les billets.

8. Nous finissons la soupe.

9. Vous devez faire le travail.

10. Il rencontre l'amie.

11. Je cherche le porte-monnaie.

12. Le monsieur ne trouve pas les lunettes.

13. Pourquoi ne fais-tu pas les devoirs?

14. Cécile montre les photos.

15. Vous devez faire les valises.

Vervollständigen Sie die Sätze:
Complétez les phrases:

1. N_____ restaurant a une très bonne réputation.

2. Qui est v_____ secrétaire?

3. Est-ce que ce sont l_____ chaussures?

4. Excusez-moi, Monsieur. Mais c'est m_____ place.

5. Il y a des fleurs dans t_____ jardin?

6. Ils préparent l_____ petit déjeuner.

7. V_____ apprentis travaillent trop.

8. T_____ clés ne sont pas dans t_____ sac.

9. Voilà m_____ nouvelle voiture.

10. Philippe ne mange pas s_____ dessert.

11. Voilà v_____ café, Madame.

12. Les étudiants aiment l_____ professeurs.

13. Elle ne trouve pas s_____ mouchoirs en papier.

14. V_____ chambres sont au quatrième étage.

15. Nous finissons n_____ exercices.

Übersetzen Sie:
Traduisez:

1. Der Gast muss noch seine Rechnung bezahlen.

2. Er isst seinen Salat nicht auf.

3. Wo ist Ihr Gepäck?

4. Meine Serviette ist nicht mehr sauber.

5. Ich nehme deinen Stadtplan.

6. Ihr müsst eure Sachen aufräumen.

7. Unser Zimmer ist sehr hübsch.

8. Mme Dubois sucht immer ihre Brille.

9. Wir können Ihre Reklamationen nicht akzeptieren.

10. Das ist meine Adresse.

13. Die direkten Objektpronomen I

Les pronoms personnels complément d'objet direct

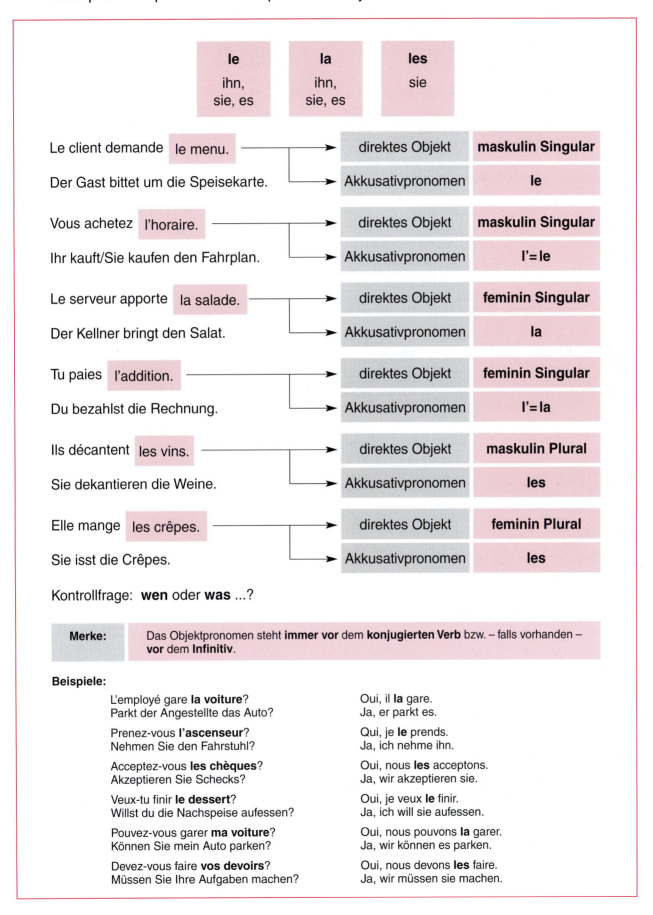

Vor einem Vokal werden **le** und **la** zu **l'**.

Beispiele:

Aimez-vous **votre professeur**?	Oui, nous **l'**aimons.
Mögen Sie Ihren Lehrer?	Ja, wir mögen ihn.
Achète-t-il **la belle rose**?	Oui, il **l'**achète.
Kauft er die schöne Rose?	Ja, er kauft sie.

Das Objektpronomen wird mit in die Verneinung eingeschlossen, wenn es vor dem konjugierten Verb steht.

Beispiele:

L'employé gare **la voiture**?	Non, il ne **la** gare pas.
Parkt der Angestellte das Auto?	Nein, er parkt es nicht.
Prenez-vous **l'ascenseur**?	Non, je ne **le** prends pas.
Nehmen Sie den Aufzug?	Nein, ich nehme ihn nicht.
Acceptez-vous **les chèques**?	Non, nous ne **les** acceptons pas.
Akzeptieren Sie Schecks?	Nein, wir akzeptieren sie nicht.

Aber:

Veux-tu finir **le dessert**?	Non, je ne veux pas **le** finir.
Willst du die Nachspeise aufessen?	Nein, ich will sie nicht aufessen.
Pouvez-vous garer **ma voiture**?	Non, nous ne pouvons pas **la** garer.
Können Sie mein Auto parken?	Nein, wir können es nicht parken.
Devez-vous faire **vos devoirs**?	Non, nous ne devons pas **les** faire.
Müssen Sie Ihre Hausaufgaben machen?	Nein, wir müssen sie nicht machen.

	servir (servieren)	
1. Person Singular	**je sers**	ich serviere
2. Person Singular	**tu sers**	du servierst
3. Person Singular	**il, elle sert**	er, sie, es serviert
1. Person Plural	**nous servons**	wir servieren
2. Person Plural	**vous servez**	ihr serviert, Sie servieren
3. Person Plural	**ils, elles servent**	sie servieren
2. Partizip (participe passé)	**servi, e**	serviert

	voir (sehen)	
1. Person Singular	**je vois**	ich sehe
2. Person Singular	**tu vois**	du siehst
3. Person Singular	**il, elle voit**	er, sie, es sieht
1. Person Plural	**nous voyons**	wir sehen
2. Person Plural	**vous voyez**	ihr seht, Sie sehen
3. Person Plural	**ils, elles voient**	sie sehen
2. Partizip (participe passé)	**vu, e**	gesehen

Vokabeln

servir	servieren	**la période**	Zeit(raum)
voir	sehen	**la région**	Gegend
falloir (unpers. Verb)	müssen, sollen	**le lit**	Bett
il faut (+ Infinitiv)	man muss, soll	**l'oignon**, m.	Zwiebel
annuler	annullieren	**le plat du jour**	Tagesgericht
gratiner	überbacken, gratinieren	**le supplément**	Auf-, Nach-, Zuschlag
réveiller qn*	jmd. wecken	**la carte d'identité**	Personalausweis
présenter qn/qc*	jmd./etwas vorstellen, zeigen	**la carte postale**	Postkarte
tout de suite	sofort	**le journal**	Zeitung
souvent	oft	**la mer**	Meer
familial,e	familiär	**le participant**	Teilnehmer

* qn = quelqu'un = jemand, qc = quelque chose = etwas

Übungen

Ersetzen Sie das Akkusativobjekt durch das entsprechende Pronomen:
Remplacez le complément d'objet direct par le pronom convenable:

1. Nous réservons ces chambres pour la période du 4 au 12 mars.

2. Cet hôtelier accepte les chiens.

3. M. Condé confirme la réservation.

4. Bien sûr, Monsieur. J'annule votre réservation.

5. L'employé monte vos bagages.

6. Le serveur apporte le menu.

7. Ils prennent le train pour Marseille.

8. Les clients visitent les monuments fameux de la ville.

9. J'adore cette mousse au chocolat.

10. Il cherche sa clé.

11. Ils rangent leur chambre.

12. Elle invite ses amis.

13. Il faut fermer les fenêtres.

14. Vous devez nettoyer la table.

15. Je voudrais garder le prospectus de l'hôtel.

16. La femme de chambre doit faire les lits.

17. Il faut réparer ma voiture.

18. Nous aimons déguster les spécialités de la région.

19. Il faut monter le petit déjeuner tout de suite.

20. Vous pouvez déjà servir les hors-d'œuvre.

Beantworten Sie die folgenden Fragen, indem Sie das Akkusativobjekt durch das entsprechende Pronomen ersetzen:
Répondez aux questions suivantes et remplacez le complément d'objet direct par le pronom convenable:
(Exemple: Prenez-vous le plat du jour, Madame? — Oui, je **le** prends.)

1. Aimez-vous la soupe gratinée à l'oignon?

    Non, _____

2. Servez-vous le petit déjeuner à la chambre?

    Oui, _____

3. Faut-il réveiller les participants au Congrès?

    Non, _____

4. As-tu l'horaire des trains, s'il te plaît?

    Oui, _____

5. Monsieur, acceptez-vous la Diners Club?

    Non, _____

6. Cherches-tu ta carte d'identité?

    Oui, _____

7. Faut-il payer le supplément pour la télévision?

    Non, _____

8. Aimez-vous les petits hôtels familiaux?

    Oui, _____

9. Veux-tu acheter ces cartes postales?

    Non, _____

10. Le "Pariscope" présente-t-il les spectacles de Paris?

    Oui, _____

Übersetzen Sie:
Traduisez:

1. ... die Suppe. Ich mag sie nicht.

2. ... die Rechnung. Wir können sie nicht bezahlen.

3. ... die Brille. Er kann sie nicht finden.

4. ... der Koffer. Der Hoteldiener bringt ihn hinauf.

5. ... die Spezialität des Hauses. Ich bestelle sie oft.

6. ... die Souvenirs. Kaufen Sie sie?

7. ... die Reservierung. Bestätigen Sie sie?

8. ... die Speisekarte. Bringt der Kellner sie?

9. ... die Weine. Muss man sie dekantieren?

10. ... das Telefon. Wir müssen es reparieren.

11. ... die Zeitung. Ich möchte sie kaufen.

12. ... das Meer. Ich kann es sehen.

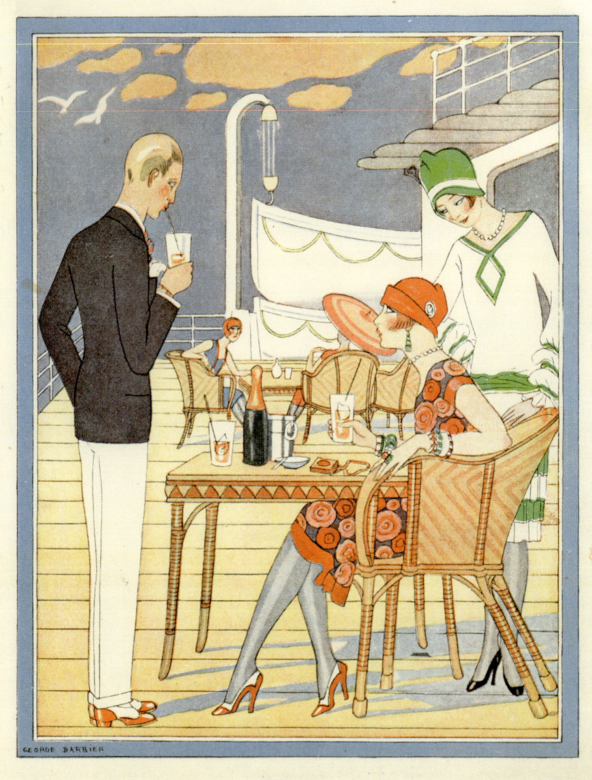

1928
On board French Line Steamers
Voyageurs d'aujourd'hui

14. Das Perfekt mit „avoir"
Le passé composé avec "avoir"

Perfekt = konjugierte Form von avoir im Präsens + 2. Partizip des Hauptverbs

Beispiele:

J'ai mangé au restaurant.	Ich habe im Restaurant gegessen.
Tu as regardé la télévision.	Du hast ferngesehen.
Il/elle a commandé une salade niçoise.	Er/sie hat einen Nizzasalat bestellt.
Nous avons réservé une table près de la fenêtre.	Wir haben einen Tisch am Fenster reserviert.
Vous avez confirmé la réservation.	Sie haben die Reservierung bestätigt.
Ils/elles ont accepté notre réclamation.	Sie haben unsere Beanstandung akzeptiert.

Merke: Im Gegensatz zum Deutschen folgt das 2. Partizip (fast) **immer** unmittelbar auf das konjugierte Verb.

Die Verben auf **–er** bilden das 2. Partizip auf **–é**.

Die meisten Verben auf **–ir** bilden das 2. Partizip auf **–i**.
Beispiel: fin**ir** – j'ai fin**i** (ich habe beendet).

Die meisten Verben auf **–re** bilden das 2. Partizip auf **–u**.
Beispiel: attend**re** – j'ai attend**u** (ich habe gewartet).

Vokabeln

ranger	aufräumen	**garer**	parken
payer	(be)zahlen	**servir**	servieren
déguster	kosten, probieren	**prendre**	nehmen
ouvrir	öffnen	**proposer**	vorschlagen
casser	zerbrechen	**finir**	beenden; aufessen
découper	(zer)schneiden	**terminer**	beenden
dîner	zu Abend essen	**aimer**	mögen, lieben
demander	bitten, fragen, fordern, verlangen; bestellen	**chercher**	suchen
		déboucher	entkorken
passer	verbringen	**annuler**	annullieren
laver	waschen	**réparer**	reparieren
visiter	besuchen, besichtigen	**mettre**	setzen; stellen; legen
quitter	verlassen	**fermer**	schließen
manger	essen	**la télévision**	Fernsehen
regarder	(an)sehen, betrachten	**la table**	Tisch
commander	bestellen	**la fenêtre**	Fenster
confirmer	bestätigen	**la réservation**	Reservierung
accepter	akzeptieren	**la réclamation**	Reklamation, Beanstandung
trouver	finden	**la facture**	Rechnung
noter	notieren	**l'huître**, f.	Auster
réserver	reservieren	**la porte**	Tür
décanter	dekantieren	**le verre**	Glas
téléphoner	telefonieren	**la viande**	Fleisch
flamber	flambieren	**l'addition**, f.	Rechnung
réveiller qn	jmd. wecken	**les vacances**, f.	Ferien, Urlaub
faire	machen; veranlassen	**l'apprenti**, m.	Auszubildender
nettoyer	reinigen	**le musée**	Museum
monter	hinaufgehen; hinaufbringen	**la chambre**	Zimmer
apporter	bringen	**le steak**	Steak
acheter	kaufen	**le chien**	Hund

la clé	Schlüssel	**le travail**	Arbeit
le numéro de téléphone	Telefonnummer	**le professeur**	Lehrer
la crêpe	Crêpe	**le fromage**	Käse
le vin	Wein	**la salade**	Salat
le lit	Bett	**la bouteille**	Flasche
le client	Gast, Kunde	**la valise**	Koffer
la cliente	weiblicher Gast, Kundin	**le devoir**	Pflicht; Aufgabe
les bagages, m.	Gepäck	**l'ascenseur**, m.	Fahrstuhl, Aufzug, Lift
la carte d'identité	Personalausweis	**les légumes**, m.	Gemüse
le menu	Speisekarte; Speisenfolge	**le chèque**	Scheck
la fleur	Blume; Blüte	**l'affaire**, f.	Sache, Angelegenheit
la voiture	Auto, Wagen	**le plan de ville**	Stadtplan
le timbre	Briefmarke	**le yaourt, yogourt**	Joghurt
le journal, les journaux	Zeitung, Zeitungen	**léger, légère**	leicht
le café	Kaffee; Bar, Kneipe	**petit, e**	klein
les lunettes, f.	Brille	**nouveau, nouvel, nouvelle**	neu
la soupe	Suppe		

Übungen

Setzen Sie die folgenden Sätze ins Perfekt:
Mettez les phrases suivantes au passé composé:

1. Elle range la chambre.

2. Nous payons la facture.

3. Vous dégustez les huîtres.

4. Il ouvre la porte.

5. L'enfant casse le verre.

6. Le serveur découpe la viande.

7. Les clients dînent au restaurant.

8. M. Condé demande son addition.

9. Je passe mes vacances à Paris.

10. L'apprenti lave les salades.

11. Les touristes visitent le musée du Louvre.

12. Nous quittons la chambre.

> **Die beiden Teile der Verneinung schließen das konjugierte Verb ein.**

Beispiele:

Je **n'**ai **pas** mangé au restaurant.	Ich habe nicht im Restaurant gegessen.
Tu **n'**as **pas** regardé la télévision.	Du hast nicht ferngesehen.
Il/elle **n'**a **pas** commandé de salade niçoise.	Er/sie hat keinen Nizzasalat bestellt.
Nous **n'**avons **pas** réservé une table près de la fenêtre.	Wir haben keinen Tisch am Fenster reserviert.
Vous **n'**avez **pas** comfirmé la réservation.	Sie haben die Reservierung nicht bestätigt.
Ils/elles **n'**ont **pas** accepté notre réclamation.	Sie haben unsere Beanstandung nicht akzeptiert.

Übungen

Setzen Sie die folgenden Sätze ins Perfekt, und verneinen Sie sie:
Mettez les phrases suivantes au passé composé et à la forme négative:

1. Il commande un steak.

2. A l'hôtel, ils acceptent les chiens.

3. Je mange la viande.

4. La dame trouve sa clé.

5. Vous notez le numéro de téléphone.

6. Nous réservons une table.

7. Le serveur flambe les crêpes.

8. Tu décantes le vin.

9. Le client téléphone.

10. Nous regardons la télévision.

11. La femme de chambre fait les lits.

12. Le réceptionnaire réveille la cliente.

Beantworten Sie die folgenden Fragen verneint:
Répondez aux questions suivantes par la forme négative:

1. Avez-vous nettoyé les tables?

2. A-t-il monté les bagages?

3. Les clients ont-ils réservé une table?

4. Le monsieur a-t-il payé la facture?

5. Le réceptionnaire a-t-il demandé la carte d'identité?

6. Mme Condé a-t-elle confirmé la réservation?

7. Les touristes ont-ils visité la tour Eiffel?

8. Le serveur a-t-il apporté le menu?

9. Le monsieur a-t-il acheté des fleurs?

10. Avez-vous garé la voiture du client?

11. As-tu acheté des timbres?

12. Ont-elles quitté la chambre?

> Die Inversionsfrage bildet man, indem man das Präfix und das konjugierte Verb miteinander vertauscht.

Beispiele:

As-tu regardé la télévision?	Hast du ferngesehen?
A-t-elle commandé une salade niçoise?	Hat sie einen Nizzasalat bestellt?
Avez-vous comfirmé la réservation?	Haben Sie die Reservierung bestätigt?
Ont-ils accepté notre réclamation?	Haben sie unsere Beanstandung akzeptiert?
Le réceptionnaire **a-t-il** demandé votre carte d'identité?	Hat der Empfangsherr Ihren Personalausweis verlangt?

Übungen

Setzen Sie die folgenden Sätze verneint ins Perfekt, und bilden Sie die Inversionsfrage:
Mettez les phrases suivantes au passé composé et à la forme négative (avec l'inversion):

1. Vous flambez les crêpes.

2. Ils réservent une chambre.

3. Tu manges au restaurant.

4. Tu achètes un journal.

5. Il sert le petit déjeuner à la chambre.

6. Je casse un verre.

7. Le client prend un café.

8. Elle trouve ses lunettes.

9. Vous proposez un menu léger.

10. Tu finis ta soupe.

11. Elles terminent leur travail.

12. Tu aimes ton professeur de français.

> Wird das Perfekt mit **avoir** gebildet, so bleibt das 2. Partizip unverändert, es sei denn, es geht dem Verb ein direktes Objekt (Akkusativobjekt) voraus.*
> In dem Falle richtet sich das 2. Partizip in Geschlecht und Zahl nach dem Akkusativobjekt.
> Man spricht dann von der **grammatischen Kongruenz des Perfektpartizips** (l'accord du participe passé).

* s. Anmerkung 10

Beispiele:

J'ai terminé **mon travail**. Ich habe meine Arbeit beendet.	direktes Objekt	**maskulin Singular**
Je **l**'ai terminé. Ich habe sie beendet.	Objektpronomen	**l' = le**
Nous avons préparé **la salade**. Wir haben den Salat zubereitet.	direktes Objekt	**feminin Singular**
Nous **l**'avons préparé**e**. Wir haben ihn zubereitet.	Objektpronomen	**l' = la**
Le serveur a apporté **les steaks**. Der Kellner hat die Steaks gebracht.	direktes Objekt	**maskulin Plural**
Le serveur **les** a apporté**s**. Der Kellner hat sie gebracht.	Objektpronomen	**les**
Le client a cherché **les clés**. Der Gast hat die Schlüssel gesucht.	direktes Objekt	**feminin Plural**
Le client **les** a cherché**es**. Der Gast hat sie gesucht.	Objektpronomen	**les**

e kennzeichnet die weibliche Form.
s kennzeichnet den Plural.

Übungen

Beantworten Sie die folgenden Fragen bejaht, indem Sie das direkte Objekt durch das entsprechende Objektpronomen ersetzen:
Répondez par l'affirmative en remplaçant l'objet direct par le pronom convenable:

1. Avez-vous dégusté ce fromage?

2. A-t-il flambé la viande?

3. Ont-ils lavé la salade?

4. As-tu débouché les bouteilles?

5. La cliente a-t-elle quitté sa chambre?

6. La dame a-t-elle pris son café ?

7. Avez-vous garé la voiture de M. Condé?

8. A-t-il fait ses valises?

9. As-tu nettoyé la chambre nº 297?

10. M. Condé a-t-il annulé la réservation de la table?

Die beiden Teile der Verneinung schließen das Objektpronomen und das konjugierte Verb ein.

Beispiele:

Nous **n'**avons **pas** acheté le nouveau Gault Millau.	Wir haben den neuen Gault Millau nicht gekauft.
Nous **ne** l'avons **pas** acheté.	Wir haben ihn nicht gekauft.
Le serveur **n'**a **pas** encore servi les hors-d'œuvre.	Der Kellner hat die Vorspeisen noch nicht serviert.
Il **ne** les a **pas** encore servis.	Er hat sie noch nicht serviert.
Je **n'**ai **pas** ouvert la fenêtre.	Ich habe das Fenster nicht geöffnet.
Je **ne** l'ai **pas** ouverte.	Ich habe es nicht geöffnet.
Vous **n'**avez **pas** mis les tables.	Sie haben die Tische nicht (ein)gedeckt.
Vous **ne** les avez **pas** mises.	Sie haben sie nicht (ein)gedeckt.

Übungen

Beantworten Sie die folgenden Fragen verneint, indem Sie das direkte Objekt durch das entsprechende Pronomen ersetzen:

Répondez aux questions suivantes par la négative en remplaçant l'objet direct par le pronom convenable:

1. Avez-vous déjà lavé les légumes?

2. As-tu cassé ce verre?

3. A-t-elle ouvert la fenêtre?

4. Ont-ils accepté les chèques?

5. A-t-il déjà dégusté les huîtres?

6. Avez-vous fini votre soupe?

7. As-tu rangé tes affaires?

8. M. Condé a-t-il cherché ses lunettes?

9. Le réceptionnaire a-t-il accepté votre réclamation?

10. A-t-elle acheté la petite tour Eiffel?

Auch in der Inversionsfrage steht das Objektpronomen vor dem konjugierten Verb.

Beispiele:

Avez-vous mangé les crêpes?	Habt ihr/Haben Sie die Crêpes gegessen?
Les avez-vous mangeés?	Habt ihr/Haben Sie sie gegessen?
As-tu fini ton travail?	Hast du deine Arbeit beendet?
L'as-tu fini?	Hast du sie beendet?
A-t-il monté les bagages?	Hat er das Gepäck hinaufgebracht?
Les a-t-il montés?	Hat er es hinaufgebracht?

Übungen

Ersetzen Sie das direkte Objekt durch das entsprechende Objektpronomen:
Remplacez l'objet direct par le pronom convenable:

1. As-tu acheté le plan de ville?

2. Ont-ils fini leur travail?

3. Avez-vous réveillé les clients?

4. A-t-il découpé la viande?

5. Les enfants ont-ils mangé leur yaourt?

Mesdames, Messieurs,

*Malheureusement nous n'avons pas encore terminé ce long et dur chapitre.
(Leider haben wir dieses lange und anstrengende Kapitel noch nicht abgeschlossen). Aber das Schlimmste ist überstanden!
Von jetzt an wird Ihnen vieles bekannt sein und leichter werden! Promis, craché
(= etwa: großes Indianer-Ehrenwort)!
Doch wenn Sie mögen, sollten Sie jetzt wieder eine kleine Pause einlegen und sich darüber freuen, schon so viel gelernt zu haben. Was wäre besser geeignet, als sich an Wein und Käse französischer Herkunft zu laben? Laden Sie doch noch ein paar Gäste ein!
Sie wollen Vorschläge? Hier sind sie:*

Bleu de Bresse, Franche Comté, pâte pressée, pâte persillée, vin rouge corsé ou vin blanc liquoreux.
(Bleu de Bresse, Franche Comté, Hartkäse, feste Rinde mit grünen Punkten, dazu einen kräftigen Rotwein oder schweren Weißwein.)

Brie de Meaux, Ile de France, pâte molle, à croûte fleurie, vin rouge fruité.
(Brie de Meaux*, Ile de France, Weichkäse, verzierte Rinde, dazu einen fruchtigen Rotwein.)

Cendre d'Argonne, Champagne, pâte molle, à croûte naturelle, vin rouge léger.
(Cendre d'Argonne, Champagne, Weichkäse, natürliche Rinde, dazu einen leichten Rotwein. Achtung! Dieser Käse wird in Asche gewälzt. Nur Uneingeweihte entfernen sie nicht!)

Pyramide, Anjou, Charentes, Poitou, Touraine, chèvre, pâte molle, pâte fleurie, vin rouge léger fruité, vin blanc sec léger, vin blanc sec fruité.
(Pyramide, Anjou, Charentes, Poitou, Touraine, Ziegenkäse, Weichkäse, verzierte Rinde, dazu einen leichten, fruchtigen Rotwein oder einen leichten, trockenen Weißwein oder einen trockenen, fruchtigen Weißwein.)

Amon, Gascogne, fromage de brebis, pâte pressée, non cuite, vin blanc sec fruité ou vin rosé.
(Amon, Gascogne, Schafskäse, Hartkäse, ungekocht, dazu einen trockenen, fruchtigen Weißwein oder einen Rosé.)

*Alle französischen Käsesorten (ca. 1 000!) kann man das ganze Jahr über mit Genuss verzehren, doch gelangen sie nicht zu jeder Jahreszeit zur vollendeten Reife.
Lassen Sie sich deshalb von Ihrem Käsehändler beraten.
Wenn Sie dann noch ofenwarmes, duftendes, knuspriges** Baguette dazu reichen, werden Sie den berühmten Gastrosophen Anthelme Brillat-Savarin (1755-1826) verstehen, der gesagt hat: „Ein Dessert ohne Käse gleicht einer einäugigen Schönen".*

Doch jetzt bitte ich Sie erneut: Veuillez me suivre!

---

* Der Brie de Meaux stammt von „glücklichen Kühen", die auf saftigen Wiesen in einer lieblichen Landschaft weiden, und ist bereits im Jahre 1212 urkundlich erwähnt. Zeitgleich mit dem Wiener Kongress 1814/1815 fand am selben Ort ein internationaler Käsewettbewerb statt, bei dem es galt, unter den schätzungsweise 4 000 weltweit bekannten Sorten den „Roi des Fromages du Monde" (König der Käse) zu küren. Zwar mutete sich die Jury diese gargantueske Degustation nicht zu – wie hätte sie es denn auch –, doch ging der Brie de Meaux aus dem Vergleich mit 59 Konkurrenten siegreich hervor und verwies den Emmentaler auf den 2. Platz. Viele Jahre sind inzwischen ins Land gegangen, doch auch heute noch gilt der Brie de Meaux als einer der besten und teuersten Käse Frankreichs.
Définition d'un Brie de Meaux: „C'est un Meaux; c'est le Meaux qui change tout!"

** Französische Bäcker backen mehrmals täglich!

Consommé à la Royale
Potage aux Gombos

Red-Snapper frit à la Parisienne
Poulet sauté Saint-Lambert
Choux-fleurs sauce Hollandaise
Contre-filet rôti, Cresson
Pommes Fondantes
Salade

Fromages
Crème Vanille - Grecs
Corbeille de Fruits Variés

Médoc - Graves
Café - Thé - Tilleul - Camomille

Les Plats ci-dessous sont à la disposition de MM. les Passagers sur leur demande :
Soupe à l'Ail
Œufs à la Coque, sur le Plat, Brouillés, frits au Jambon, Pochés
Omelette nature — Viandes grillées
Jambon — Viandes froides
Riz Nature et au Curry — Pommes de terre en Robe et Purée
Nouilles — Macaroni
Haricots Mexicains

MENU

Paquebot "MEXIQUE"

M. J. LANCELOT, ✻, c.-l.-c.,
Commandant

DINER
du
Dimanche 15 Mars
1931

Consome á la Real
Potaje con Gombos

Red-Snapper frito á la Parisiense
Pollo salteado Saint-Lambert
Coliflores salsa Holandesa
Contrafilete asado con Berro
Papas Fondantes
Ensalada

Quesos
Crema Vainilla - Griegos
Cesta de Frutas Variadas

Médoc - Graves
Cafe - Té - Tila - Manzanilla

Los Platos abajo indicados estan a la disposición de los Pasajeros según sus ordenes :
Sopa de Ajo
Huevos pasados por Agua, al Plato, Revueltos, fritos al Jamon, Escalfados
Tortilla natural — Carnes a la parrilla
Jamon — Carnes frias
Arroz Natural y al Curry
Patatas al Natural y Pure
Tallarines — Macarrones
Frijoles Mejicanos

15. Die direkten Objektpronomen II
Les pronoms personnels complément d'objet direct

me	te	se	nous	vous
mich	dich	sich/uns	uns	euch/Sie

Le directeur **me** reçoit dans son bureau. — Der Direktor empfängt **mich** in seinem Büro.

Il **m'** interroge sur ma formation. — Er befragt **mich** über meine Ausbildung.

Je **te** prie de suivre mes directives. — Ich bitte **dich**, meine Anweisungen zu befolgen.

Nous **t'** attendons depuis une demi-heure. — Wir erwarten **dich** seit einer halben Stunde.

On **se** rencontre au restaurant. — Man trifft **sich** / wir treffen **uns** im Restaurant.

On **s'** amuse bien ici. — Man amüsiert **sich** / wir amüsieren **uns** gut hier.

Le réceptionnaire **nous** réveille à 6 heures. — Der Empfangsherr weckt **uns** um 6 Uhr.

Je **vous** présente à mes amis. — Ich stelle **euch/Sie** meinen Freunden vor.

Kontrollfrage: **wen** oder **was** ...?

Das Objektpronomen steht **immer vor** dem **konjugierten Verb** bzw. – falls vorhanden – **vor** dem **Infinitiv**.

Beispiele:

Le directeur **me** reçoit dans son bureau. — Der Direktor empfängt mich in seinem Büro.
Le directeur désire **me** recevoir dans son bureau. — Der Direktor will mich in seinem Büro empfangen.

Vor einem Vokal werden **me**, **te** und **se** apostrofiert.

Beispiele:

Il **m'**interroge sur ma formation. — Er befragt mich über meine Ausbildung.
Nous **t'**attendons depuis une demi-heure. — Wir erwarten dich seit einer halben Stunde.

Das Objektpronomen wird **mit** in die Verneinung **eingeschlossen**, wenn es vor dem konjugierten Verb steht.

Beispiele:

	Le réceptionnaire **ne** nous réveille **pas** à 6 heures.	Der Empfangsherr weckt uns nicht um 6 Uhr.
Aber:	Le réceptionnaire **ne** veut **pas** nous réveiller à 6 heures.	Der Empfangsherr will uns nicht um 6 Uhr wecken.

Auch in der Inversionsfrage bleibt das Pronomen **vor** dem **konjugierten Verb**.

Beispiel:

Vous présente-t-il à ses amis? Stellt er euch/Sie seinen/ihren Freunden vor?

Auch im **Perfekt** gelten **dieselben Regeln** wie für **le, la, les** (s. Lektion 14). **Achten Sie auf die grammatische Kongruenz des Perfektpartizips** (l'accord du participe passé)!

Beispiele:

Il **m**'a accompagné. Er hat mich begleitet.	direktes Objektpronomen	m' = me	maskulin Singular
Il **m**'a accompagné**e**. Er hat mich begleitet.	direktes Objektpronomen	m' = me	feminin Singular
Je **vous** ai cherché(**s**). Ich habe Sie gesucht.	direktes Objektpronomen	vous	maskulin Singular (Plural)
Je **vous** ai cherché**e**(s). Ich habe Sie gesucht.	direktes Objektpronomen	vous	feminin Singular (Plural)
Je **vous** ai cherché**s**. Ich habe euch gesucht.	direktes Objektpronomen	vous	maskulin Plural
Je **vous** ai cherché**es**. Ich habe euch gesucht.	direktes Objektpronomen	vous	feminin Plural
Mon ami **nous** a invité**s**. Mein Freund hat uns eingeladen.	direktes Objektpronomen	nous	maskulin Plural
Mon ami **nous** a invité**es**. Mein Freund hat uns eingeladen.	direktes Objektpronomen	nous	feminin Plural

Verneinung: Die beiden Teile der Verneinung schließen das Pronomen und das konjugierte Verb ein.

Beispiel:

Il **ne** m'a **pas** accompagné(e). Er hat mich nicht begleitet.

Inversionsfrage: Das Pronomen bleibt vor dem konjugierten Verb.

Beispiel:

Nous a-t-il invité(e)s? Hat er uns eingeladen?

	recevoir (empfangen)	
1. Person Singular 2. Person Singular 3. Person Singular	**je reçois** **tu reçois** **il, elle reçoit**	ich empfange du empfängst er, sie, es empfängt
1. Person Plural 2. Person Plural 3. Person Plural	**nous recevons** **vous recevez** **ils, elles reçoivent**	wir empfangen ihr empfangt, Sie empfangen sie empfangen
2. Partizip (participe passé)	**reçu, e**	empfangen

	suivre qn (jemandem folgen, jemanden verfolgen)	
1. Person Singular 2. Person Singular 3. Person Singular	**je suis** **tu suis** **il, elle suit**	ich (ver)folge du (ver)folgst er, sie, es (ver)folgt
1. Person Plural 2. Person Plural 3. Person Plural	**nous suivons** **vous suivez** **ils, elles suivent**	wir (ver)folgen ihr (ver)folgt, Sie (ver)folgen sie (ver)folgen
2. Partizip (participe passé)	**suivi, e**	gefolgt, verfolgt

	attendre (er)warten	
1. Person Singular 2. Person Singular 3. Person Singular	**j'attends** **tu attends** **il, elle attend**	ich (er)warte du (er)wartest er, sie, es (er)wartet
1. Person Plural 2. Person Plural 3. Person Plural	**nous attendons** **vous attendez** **ils, elles attendent**	wir (er)warten ihr (er)wartet, Sie (er)warten sie (er)warten
2. Partizip (participe passé)	**attendu, e**	erwartet, gewartet

Merke:	aider qn à faire qc remercier qn de/pour qc croire qn suivre qn	– – – –	jemandem helfen, etwas zu tun jemandem für etwas danken jemandem glauben jemandem folgen
	verbe + complément d'objet direct (Akkusativobjekt)	–	Verb + Dativobjekt

suivre bildet das Perfekt mit **avoir**.   **Beispiel:** Je t'ai suivi(e).   Ich bin dir gefolgt.

Vokabeln

recevoir qn	jmd. empfangen	aider qn à faire qc	jdm. helfen, etw. zu tun
(= quelqu'un)	(= jemand)	préparer qc	etw. vorbereiten, zubereiten
recevoir qc	etw. empfangen, erhalten	remercier qn de/pour qc	jmd. für etw. danken
(= quelque chose)	(= etwas)	la lettre	Brief
interroger qn	jmd. (be)fragen	aimable	liebenswürdig
sur	hier: über	informer qn	jmd. informieren
la formation	Ausbildung	renseigner qn *auprès qn*	jmd. informieren
prier qn de faire qc	jmd. bitten, etw. zu tun	croire qn/qc	jmd./etw. glauben
suivre qn	jmd. (ver)folgen	le prix	Preis
suivre qc	etw. befolgen	le tarif	Preis(liste)
la directive	Anweisung, Anordnung	monter qc	etw. hinaufbringen
attendre qn	jmd. erwarten, auf jmd. warten	manger qc	etw. essen
depuis	seit	l'appartement, m.	Wohnung
réveiller qn	jmd. wecken	le hall	Foyer, Halle
inviter qn	jmd. einladen	le collègue	Kollege
présenter qn à qn	jmd. jmd. vorstellen	la collègue	Kollegin
beaucoup	sehr; viel	surprendre qn	jmd. überraschen
désirer faire qc	wünschen, etw. zu tun	cela	das, dies(es)
accompagner qn	jmd. begleiten	partout	überall

Übungen

Übersetzen Sie:
Traduisez:

1. Ich folge Ihnen.

2. Er erwartet uns in der Halle.

3. Ich helfe dir, das Frühstück vorzubereiten.

4. Wir danken Ihnen für Ihren liebenswürdigen Brief.

5. Der Angestellte informiert mich über die Preise.

6. Sie glaubt dir.

7. Ich erwarte Sie in 10 Minuten.

8. Der Hoteldiener begleitet mich zum Fahrstuhl. *(Le groom / Le chasseur)*

9. Wir wecken dich um 7 Uhr 30.

10. Ihr ladet uns ein.

Setzen Sie die folgenden Sätze ins Perfekt:
Mettez les phrases suivantes au passé composé:

1. Mon collègue m'invite à manger des crêpes.

2. Il nous reçoit dans son appartement.

3. Le client vous prie de le réveiller.

4. Anne, je te cherche partout.

5. Nos amis nous attendent au restaurant.

6. Le réceptionnaire me réveille à 6 heures.

7. Vous nous aidez beaucoup.

8. Le monsieur nous accompagne.

9. Cela me surprend.

10. Jean te présente à ses collègues.

16. Die indirekten Objektpronomen

Les pronoms personnels complément d'objet indirect

me	te	lui	se	nous	vous	leur
mir	dir	ihm/ihr	sich/uns	uns	euch/Ihnen	ihnen

Le maître d'hôtel **m'** offre un apéritif. Der Oberkellner bietet **mir** einen Aperitif an.

Je **te** souhaite une bonne journée. Ich wünsche **dir** einen schönen Tag.

Nous **lui** donnons un pourboire. Wir geben **ihm/ihr** ein Trinkgeld.

On **se** dit bonsoir. Man sagt **sich** / wir sagen **uns** guten Abend.

Le serveur **nous** présente l'addition. Der Kellner legt **uns** die Rechnung vor.

Le client **vous** passe sa carte d'identité. Der Gast gibt **euch/Ihnen** seinen Personalausweis. *überreichen*

Le réceptionnaire **leur** montre la chambre. Der Empfangsherr zeigt **ihnen** das Zimmer.

Kontrollfrage: **wem**...?

Das Objektpronomen steht **immer vor** dem **konjugierten Verb** bzw. – falls vorhanden – **vor** dem **Infinitiv**.

Beispiele:

    Nous **lui** donnons un pourboire. Wir geben ihm/ihr ein Trinkgeld.
    Nous désirons **lui** donner un pourboire. Wir wollen ihm/ihr ein Trinkgeld geben.

Vor einem Vokal werden **me**, **te** und **se** apostrophiert.

Beispiele:

    Le maître d'hôtel **m'**offre un apéritif. Der Oberkellner bietet mir einen Aperitif an.
    Le maître d'hôtel désire **t'**offrir un apéritif. Der Oberkellner will dir einen Aperitif anbieten.

Das Objektpronomen wird **mit** in die Verneinung **eingeschlossen**, wenn es vor dem konjugierten Verb steht.

Beispiel:

    Le serveur **ne** nous présente **pas** l'addition. Der Kellner legt uns die Rechnung nicht vor.

Aber: Le client **ne** peut pas **vous** passer sa carte d'identité. Der Gast kann euch/Ihnen seinen Personalausweis nicht geben.

Auch in der Inversionsfrage bleibt das Pronomen **vor** dem **konjugierten Verb**.

Beispiel:

    Se dit-on bonsoir? Sagt man sich/sagen wir uns guten Abend?

Vokabeln

donner qc à qn	jmd. etwas geben	**la maison**	Haus; Firma
la carte d'identité	Personalausweis	**la lettre**	Brief
présenter qc à qn	jmd. etwas vorlegen	**envoyer qc à qn**	jmd. etwas schicken
la note	Rechnung; Notiz	**long, longue**, Adj.	lang
refuser qc à qn	jmd. etwas verweigern	**offrir qc à qn**	jmd. etwas anbieten
l'avance, f.	Vorauszahlung, Vorschuss	**le chèque**	Scheck
recommander qc à qn	jmd. etwas empfehlen	**réserver qc à qn**	jmd. etwas reservieren
la spécialité	Spezialität	**la fiche de voyageur**	Meldezettel
la cuisine	Küche		

Übungen

Beantworten Sie die folgenden Fragen, indem Sie das Dativobjekt durch das entsprechende Pronomen ersetzen:

Répondez aux questions suivantes et remplacez le complément d'objet indirect par le pronom convenable:

(Exemple: Avez-vous servi le thé à Mme Dufour ? — Oui, je **lui** ai servi le thé.)

1. Montrez-vous la chambre à Mme Gatey?

    Oui, _____

2. Apportes-tu le menu aux clients?

    Oui, _____

3. Pouvez-vous me recommander un vin léger?

    Oui, _____

4. Puis-je vous servir le dessert?

    Oui, _____

5. Avez-vous donné la clé à M. Condé?

    Oui, _____

6. As-tu déjà réservé une table à M. et Mme Leclerc?

    Non, _____

7. Est-ce que le client a donné un pourboire au serveur?

    Non, _____

8. Est-ce que tu as présenté la réclamation à notre chef?

    Non, _____

9. Pouvez-vous donner un million de francs à votre ami?

    Non, _____

10. Avez-vous montré les cuisines à l'apprentie?

    Non, _____

Übersetzen Sie:
Traduisez:

1. Er gibt mir seinen Personalausweis.

2. Ich lege Ihnen die Rechnung vor.

3. Sie stellt dir unsere Auszubildenden vor.

4. Wir verweigern ihm die Vorauszahlung nicht.

5. Der Kellner serviert uns die Spezialität des Hauses.

6. Sie haben uns einen langen Brief geschickt.

7. Du hast ihnen keinen Aperitif angeboten.

8. Der Gast hat ihr keinen Scheck gegeben.

9. Sie haben mir ein schönes Zimmer reserviert.

***Balthazar Grimod de la Reynière** (1758-1837) ist der „Vater" der Gastronomie-Kritik. Er kam als Sohn eines reichen General-Pächters zur Welt, und sein Lebenslauf liest sich wie eine Chronik von Skandalen, Exzessen, bizarren Gastmählern und makabren Zusammenkünften.*

So verschickte er im Jahre 1812 seine eigene Sterbeanzeige und lud seine Freunde zum Leichenschmaus, um sie dann in dem mit schwarzem Samt verhängten und von zahllosen Kerzen erhellten Speisesaal zu empfangen und mit ihnen zu tafeln. Da er mit stark verkrüppelten Händen geboren worden war, hatte sein Vater ihm in der Schweiz metallene Prothesen anfertigen lassen, die ihm Schmerzen bereiteten, aber seiner auffallenden, stets schwarz-weiß gekleideten Gestalt den Nimbus des Unheimlichen verliehen und ihn zum Gegenstand vieler Gerüchte und schaurig erfundener Geschichten machte. So wollte man z. B. wissen, dass Grimod nicht wegen eines Geburtsfehlers auf den Gebrauch seiner Hände verzichten musste, sondern weil ein Schwein sie ihm in frühester Kindheit abgefressen hätte.

Das ist pure Erfindung. Richtig aber ist, dass er Schweine sehr schätzte, und zwar nicht nur gebraten und gesotten. Vielmehr hielt er sich eines als verwöhnten Hausgenossen. Es durfte sogar den Ehrenplatz an der Tafel einnehmen.

Grimod de la Reynière rief die sogenannten Dienstags-Abendessen ins Leben, deren Sinn ausschließlich darin bestand, die Speisen auf ihr Aussehen, ihren Geruch, ihren Geschmack und ihre Auswirkungen auf die Stimmung und das Wohlbefinden der Tischgäste zu prüfen. (Pikanterie am Rande: Während der mindestens fünf Stunden dauernden Sitzungen durfte sich niemand von seinem Platz erheben – zu welchem Zweck auch immer!) Die Resultate dieser Degustationen wurden mit spitzer, ironischer, poetischer oder emphatischer Feder festgehalten und fanden große Beachtung in der Pariser Gesellschaft.

Buffet chaud

Croque-Monsieur 15
Toasted bread cheese and ham
Croque-Madame 17.20
Toasted, cheese, ham and fried egg
Pizza 16.20
Quiche 20.20
Croque-Campagnard 18.20
Pain de campagne, jambon, Cantal
Egg and ham pie
Country bread, ham, Cantal cheese

••••
HOT-DOG

Saucisses chaudes nature, la paire 13.90
2 hot sausages
Saucisses chaudes avec fromage, la paire .. 16.10
2 hot sausages and cheese

•••••

Œufs au plat (3) .. 12.90
3 fried eggs
Œufs au plat jambon ... 17.20
Ham and fried eggs
Œufs au plat fromage 17.20
Cheese and fried eggs

Buffet froid

ASSIETTE "SAINT-SÉVERIN"
(1) Roastbeef mayonnaise, salade et pommes à l'huile ... 27.90
Roastbeef mayonnaise, green salad and potatoes in oil
(2) Poulet mayonnaise, salade et pommes à l'huile 24.70
Chicken with mayonnaise, green salad and potatoes in oil

Assiette de
jambon de Paris 19.30
Paris ham plate
Assiette de charcuterie 23.60
Pork meats plate
Assiette de viande froide
mayonnaise 24.70
Cold meat plate with mayonnaise
Œufs durs
mayonnaise (2) 10.70
Hard boiled eggs with mayonnaise

Assiette de jambon sec
de campagne 23.60
Dry country ham plate
Assiette de poulet
mayonnaise 21.50
Cold chicken plate with mayonnaise

Les Salades

Chicken Salad 21.50
Lettuce, chicken, hard boiled egg, carrot, potatoes
Salade Niçoise 24.80
Lettuce, tunny, olives, tomatoes, hard boiled egg, carrot, anchovies, potatoes
Salade végétarienne ... 15
Salade, tomates, carotte
Lettuce, tomatoes, carrot
Salade du Pêcheur ... 21.50
Lettuce, fish, hard boiled egg, tomatoes, potatoes

Salade Club 21.50
Lettuce, swiss cheese, ham, carrots, tomatoes, hard boiled egg, potatoes
Salade verte 10.70
Green salad
Salade Campagnarde ... 24.80
Salade, pommes de terre, jambon, Cantal
Salad, potatoes, ham, Cantal cheese

Fromages

Gruyère ou Camembert .. 8.50   Cantal ou Roquefort 8.50
Assiette de fromage (les 4 fromages) 24.80
(Gruyère, Camembert, Cantal, Roquefort)

•••••
SERVICE 15 % NON COMPRIS

Après 22 heures + 2 Frs par consommation

Glaces

COUPE DES ILES AUX FRUITS EXOTIQUES 24.80
Glace, fruit de la passion, citron, noix de coco, fruits, duraznil, cocona, ananas
Islands Cup with exotic fruit, passion fruit, lemon, coco nut, fruits, duraznil, cocona, pineapple ice

COUPE DES GOURMETS 24.80
Sorbet poire, cassis, alcool de poire William
Pear, blackcurrant sorbet and pear alcohol

Glace (3 boules) 15
Vanille, pistache, café, noix de coco chocolat, fraise
Ice cream, 3 flavours
Vanilla, burnt almond, coffee, chocolate, strawberry

Café liégeois 21.10
Liégeois coffee
Tropicana 22.20
Sorbet citron, pippermint Get
Lemon sorbet, pippermint
Coupe du Chanoine 21.10
Cassis, crème de cassis, Chantilly
Blackcurrant ice cream, blackcurrants cream, whipped cream
Pêche Melba 21.10
Peach Melba

Banana Split 23.40
Glace vanille, fraise, chocolat, banane Chantilly, sauce chocolat chaud
Vanilla, strawberry, chocolate, ice cream, Banana, whipped cream and hot chocolate sauce

Chocolat Liégeois 21.10
Liégeois chocolate
Kahlua (Mexico) 22.20
Vanille, liqueur de café, amandes
Vanilla, coffee liquor, almonds
Sorbet (3 parfums au choix)
(3 boules) 21.10
Cassis, citron, fruit de la passion, poire
Sorbett (3 flavours at your choice)
Blacurrant, lemon, Passion fruit, pear

Milk Shake 12.50

Desserts

Palmier, Cake, Amandines. 5.40
Salade de Fruits exotiques. 16.10
Exotic fruit salad

Tarte aux Pommes 10.30
Apple tart
Suppl., Chantilly 4
Extra for whipped cream

Pâtisserie 15

Sandwiches

Jambon de Paris 8.50
Ham from Paris
Rillettes d'Oie ou du Mans 8.50
Minced potted pork from Le Mans
Fromage (Camembert
ou Gruyère) 8.50
Cheese (Camembert or swiss cheese)
Club Sandwich 15
Salade, jambon, tomates, œuf dur
Salad, ham, tomatoes, hard boiled egg
Jambon de Pays 14
Country ham

Saucisson de Montagne 8.50
Moutain's sausage
Paté de foie de Volaille
ou de Campagne 8.50
Fowl liver meat pie or country meat pie
Mixte (Jambon, gruyère) ... 15
Mixed (ham and swiss cheese)
Sandwich crudités 10.70
Salade, œuf dur, tomates
Salad, hard boiled egg, tomatoes

Pour tout paiement un ticket doit vous être présenté, le service 15 % y est ajouté
SERVICE 15 % NON COMPRIS

17. Das Perfekt mit „être"

Le passé composé avec "être"

Perfekt = konjugierte Form von „être" im Präsens + 2. Partizip des Hauptverbs

Beispiele:

Je suis allé(e) au cinéma.	Ich bin ins Kino gegangen.
Tu es arrivé(e) tard.	Du bist spät gekommen.
Il est resté à la maison.	Er ist zu Hause geblieben.
Elle est venue à temps.	Sie ist rechtzeitig gekommen.
Nous sommes descendu(e)s l'escalier.	Wir sind die Treppe hinuntergegangen.
Vous êtes entré(e)(s) dans la boutique.	Sie sind/ihr seid in das Geschäft gegangen.
Ils sont sortis très tôt le matin.	Sie sind sehr früh morgens weggegangen.
Elles sont demeurées en ville. (rester)	Sie sind in der Stadt geblieben.

Merke: Wird das Perfekt mit **être** gebildet, so richtet sich das 2. Partizip in Geschlecht und Zahl nach dem Subjekt. (L'accord du participe).
e kennzeichnet die weibliche Form.
s kennzeichnet den Plural.

Die beiden Teile der Verneinung schließen das konjugierte Verb ein (s. Lektion 14).

Beispiel:

Ils **ne** sont **pas** restés à la cantine.   Sie sind nicht in der Kantine geblieben.

Die Inversionsfrage bildet man, indem man das Präfix und das konjugierte Verb miteinander vertauscht (s. Lektion 14).

Beispiel:

Sont-ils restés à la cantine?   Sind sie in der Kantine geblieben?

Es gibt Verben, deren Perfekt sowohl mit **avoir** als auch mit **être** gebildet wird. Fast immer ändert sich dann die Bedeutung des entsprechenden Verbs.

Beispiele:

Nous **sommes monté(e)s** dans l'autobus.   Wir sind in den Autobus eingestiegen.
Nous **avons monté** les bagages.   Wir haben das Gepäck hinaufgebracht.

Die meisten Verben werden im Perfekt mit **avoir** zusammengesetzt. Dafür gibt es Regeln. Sie können sie in jeder konventionellen französischen Grammatik nachlesen.
Wir machen Ihnen einen unkonventionellen Vorschlag:
Wählen Sie im Französischen das entsprechende Hilfsverb, das Sie auch im (Hoch)deutschen bei der Perfektbildung benutzen, und lernen Sie einige häufiger vorkommende Abweichungen auswendig.

Beispiele:

marcher (gehen):   j'**ai** marché (ich **bin** gegangen)
courir (laufen):   j'**ai** couru (ich **bin** gelaufen)
suivre (folgen):   j'**ai** suivi (ich **bin** gefolgt)
être (sein):   j'**ai** été (ich **bin** gewesen)

	descendre (hinuntergehen)	
1. Person Singular 2. Person Singular 3. Person Singular	**je descends** **tu descends** **il, elle descend**	ich gehe hinunter du gehst hinunter er, sie, es geht hinunter
1. Person Plural 2. Person Plural 3. Person Plural	**nous descendons** **vous descendez** **ils, elles descendent**	wir gehen hinunter ihr geht hinunter, Sie gehen hinunter sie gehen hinunter
2. Partizip (participe passé)	**descendu, e**	hinuntergegangen

	sortir (ausgehen, weggehen)	
1. Person Singular 2. Person Singular 3. Person Singular	**je sors** **tu sors** **il, elle sort**	ich gehe aus, –weg du gehst aus, –weg er, sie, es geht aus, –weg
1. Person Plural 2. Person Plural 3. Person Plural	**nous sortons** **vous sortez** **ils, elles sortent**	wir gehen aus, –weg ihr geht aus, –weg, Sie gehen aus, –weg sie gehen aus, –weg
2. Partizip (participe passé)	**sorti, e**	ausgegangen, weggegangen

	choisir ((aus)wählen); Konjugation wie **finir**	
1. Person Singular 2. Person Singular 3. Person Singular	**je choisis** **tu choisis** **il, elle choisit**	ich wähle (aus) du wählst (aus) er, sie, es wählt (aus)
1. Person Plural 2. Person Plural 3. Person Plural	**nous choisissons** **vous choisissez** **ils, elles choisissent**	wir wählen (aus) ihr wählt (aus), Sie wählen (aus) sie wählen (aus)
2. Partizip (participe passé)	**choisi, e**	(aus)gewählt

Vokabeln

le cinéma	Kino	vite (Adv.)	schnell
tard	spät	rentrer	zurückkommen, nach Hause kommen
à temps	rechtzeitig, pünktlich		
descendre	hinuntergehen, (hin)absteigen	la personne	Person
		l'instruction, f.	Anweisung
l'escalier, m.	Treppe	le voyage	Reise
entrer dans	hineingehen, betreten	la faim	Hunger
sortir	ausgehen; weggehen	être de service	im Dienst sein, Dienst haben
demeurer	bleiben		
la ville	Stadt	monter	hinaufgehen, hinaufsteigen
l'assiette, f.	Teller		
tomber par terre	zu Boden fallen, hinunterfallen	marcher	(schnell) gehen
		la demande de réservation	Reservierungsanfrage
partir	abreisen		
tous les soirs	jeden Abend	la banque	Bank (Geldinstitut)
le magasin de luxe	Luxuswarengeschäft	choisir	(aus)wählen
longtemps	lange	magnifique	großartig
l'avion, m.	Flugzeug	la chance	Glück

Übungen

Setzen Sie die folgenden Sätze ins Perfekt:
Mettez les phrases suivantes au passé composé:

1. Les assiettes tombent par terre.

2. Les clients partent.

3. Nous ne sortons pas tous les soirs.

4. Mme Dubois arrive déjà.

5. Entrez-vous dans ce magasin de luxe?

6. Les clients du N° 916 restent-ils longtemps au bar?

7. Il ne monte pas dans sa chambre.

8. Je viens par avion.

9. Tu descends très vite.

10. Rentrez-vous à l'hôtel?

Wiederholung: Das Perfekt mit „avoir" bzw. „être"
Révision: Le passé composé avec "avoir" ou "être"

Setzen Sie die folgenden Sätze ins Perfekt, und übersetzen Sie sie:
Mettez les phrases suivantes au passé composé et traduisez-les:

1. Nous réservons une chambre pour deux personnes.

2. Je donne des instructions à l'apprentie.

3. Ils font un très agréable voyage.

4. Les clients regardent la carte de l'hôtel.

5. Elle part en vacances au Mexique.

6. J'ai faim.

7. Il est de service à la réception.

8. Les touristes montent à l'Arc de Triomphe.

9. Nous marchons très vite.

10. La dame ne confirme pas sa réservation.

11. Recevez-vous beaucoup de demandes de réservation?

12. La banque accepte nos chèques.

13. Au petit déjeuner je prends du café et un croissant.

14. Les clients choisissent le menu le plus cher.

15. Annulez-vous la réservation?

16. Pourquoi ne mets-tu pas la table?

17. Ouvre-t-il les fenêtres?

18. Monsieur Condé attend ses collègues au restaurant.

19. Cette journée est magnifique.

20. Nous avons de la chance.

18. Die „nahe Zukunft"
Le futur proche

	téléphoner (telefonieren)	
1. Person Singular	je **vais** téléphoner	ich werde telefonieren
2. Person Singular	tu **vas** téléphoner	du wirst telefonieren
3. Person Singular	il, elle **va** téléphoner	er, sie, es wird telefonieren
1. Person Plural	nous **allons** téléphoner	wir werden telefonieren
2. Person Plural	vous **allez** téléphoner	ihr werdet telefonieren, Sie werden telefonieren
3. Person Plural	ils, elles **vont** téléphoner	sie werden telefonieren

Das **futur proche**, auch **futur composé** (zusammengesetzte Zukunft) genannt, drückt in den meisten Fällen einen unmittelbar bevorstehenden Vorgang aus (s. Anmerkung 12).
In der 2. Person Singular und in der 2. Person Plural wird es mitunter benutzt, um einen Befehl auszudrücken.
Man bildet das futur proche mit der konjugierten Form von „aller" im Präsens und dem Infinitiv des Hauptsatzes.

Beispiel:

        Vous **allez ranger** les chambres tout de suite.   Sie werden sofort die Zimmer aufräumen!

Wir empfehlen Ihnen diese etwas rüde Form der Anweisung nicht! Formulieren Sie Anordnungen eher als Frage oder als Bitte.

Da zwischen der Absichtserklärung und deren Ausführung meistens ein kurzer Zeitraum liegt (allenfalls einige Stunden), ist das **futur proche** nicht geeignet, über Handlungen oder Ereignisse zu sprechen, die erst Tage oder Wochen später eintreten sollen.
Das **futur proche** hat seinen Anwendungsbereich fast ausschließlich in der gesprochenen Sprache.

Aussagesatz: Le sommelier **va décanter** ce vin.   Der Sommelier wird diesen Wein dekantieren.

Fragesatz: Le sommelier **va-t-il décanter** ce vin?   Wird der Sommelier diesen Wein dekantieren?
(Da es sich um eine Sprechsituation handelt, die weder Distanz noch besonderen Respekt zum Ausdruck bringen muss, sind auch die **Est-ce que**-Frage und die **Intonationsfrage** geläufig).

Verneinung: Le sommelier ne **va** pas **décanter** ce vin.   Der Sommelier wird diesen Wein nicht dekantieren.
(Das konjugierte Verb wird von **ne** und **pas** eingeschlossen).

Pronomen stehen **vor** dem **Infinitiv**.

Beispiel:

        Le serveur **va flamber** les crêpes.   Der Kellner wird die Crêpes flambieren.

Aussagesatz: Le serveur va **les** flamber.   Der Kellner wird sie flambieren.

Fragesatz: Le serveur va-t-il **les** flamber?   Wird der Kellner sie flambieren?

Verneinung: Le serveur ne va pas **les** flamber.   Der Kellner wird sie nicht flambieren.

Vokabeln

apporter qc	etwas (hin)bringen
couper qc	etwas (zer)schneiden
changer	wechseln; sich ändern
proposer	vorschlagen, empfehlen
débarrasser	abräumen
préparer	vorbereiten; zubereiten
monter qc	etwas hinaufbringen
fonctionner	funktionieren
repasser	hier: bügeln
prier qn de faire qc	jmd. bitten, etwas zu tun
oublier	vergessen
regretter qc	hier: etwas bedauern
désirer	wünschen
promener qn	jmd. spazieren führen
arriver	ankommen
chercher	suchen
enlever qc	etwas wegnehmen, entfernen
mettre	setzen, stellen, legen
revenir	zurückkommen
partir	abreisen; weggehen
attendre	(er)warten
voir	sehen
le menu	Speisekarte, Speisenfolge; Gericht
l'oignon, m.	Zwiebel
le chasseur	Page
le coin	Ecke
l'employé, m.	Angestellter
l'employée, f.	Angestellte
le maître d'hôtel	Oberkellner
la note	(Hotel)rechnung
la demi-heure	halbe Stunde
la cave	(Wein)keller
le journal	Zeitung
les journaux	Zeitungen
le chauffage	Heizung
le mécanicien	Mechaniker
la robe de soirée	Abendkleid
la serviette de bain	Badelaken
le chien	Hund
le groom	Page, Hoteldiener
si	wenn, falls
le courrier	Post, Briefe
le mari	Ehemann
l'instant, m.	Augenblick
le moment	Augenblick, Moment — aber das kann länger dauern!
l'office du tourisme, m.	Fremdenverkehrsbüro
l'annuaire (du téléphone), m.	Telefonbuch
l'huile, f.	Öl
le cendrier	Aschenbecher
libre	frei
léger, légère	leicht
tout de suite	sofort
immédiatement	sofort, unverzüglich
sale	schmutzig
plein (de)	voll
je regrette que non	leider nein, leider nicht
excusez-moi, s.v.p.	entschuldigen Sie bitte
je vous prie de nous en excuser	bitte entschuldigen Sie; ich bitte Sie, uns das nachzusehen. Diese Formulierung ist bei größeren Pannen und bei deutlicher Verärgerung des Gastes angebracht.
je suis désolé(e)	Es tut mir leid. In dieser Formulierung schwingt noch etwas mit von der eigentlichen Bedeutung des Wortes „désoler qn" (jmd. traurig stimmen, betrübt machen).
je suis navré(e)	Es tut mir leid, ich bedauere zutiefst. Hier klingen auch Bestürzung und eventuell ein Schuldeingeständnis mit. Diese Formulierung sollten Sie sparsam verwenden — etwa bei wiederholten Versäumnissen, oder wenn Sie versehentlich auf die hinuntergefallene Kontaktlinse eines Gastes getreten sind, o.ä.

Übungen

Setzen Sie die folgenden Sätze ins „futur proche":
Mettez les phrases suivantes au "futur proche":

1. Le serveur apporte le menu.

2. Les apprentis coupent les oignons.

3. Le chasseur met les bagages dans la voiture.

4. Les tables au coin sont libres.

5. L'employé change les chèques de voyage.

6. Le maître d'hôtel propose un menu léger.

7. Je débarrasse la table.

8. Nous préparons la note.

9. Ils reviennent dans 5 minutes.

10. Elle part dans une demi-heure.

11. Montez-vous les vins de la cave?

12. Apportes-tu les journaux à Monsieur?

13. Repassez-vous la robe de soirée de Madame Leclerc?

14. Elles attendent dans le hall.

15. Vous servez les clients de la table N° 5.

Antworten Sie auf die folgenden Beanstandungen und Fragen im „futur proche", und fügen Sie, sofern notwendig, das entsprechende Pronomen ein:
Répondez aux réclamations et aux questions suivantes au "futur proche" et mettez, le cas échéant, le pronom convenable:

1. Mademoiselle, ici la chambre 214. Le petit déjeuner n'est pas encore servi.

   — Excusez-moi, Monsieur. On _____ servir tout de suite.

2. Monsieur, ici c'est le 309. Le chauffage ne fonctionne pas.

   — Je suis désolé, Madame. Notre mécanicien _____ venir _____ réparer.

3. Réception? Ici le 113. Les serviettes de bain sont sales.

   — Je vous prie de nous en excuser. On _____ changer immédiatement.

4. Monsieur, où est la carafe d'eau?

   — Je suis navré, Madame. Je l'ai oubliée. Mais je _____ apporter tout de suite.

5. Mademoiselle, acceptez-vous le chien au restaurant?

   — Je regrette que non, Madame. Mais si vous le désirez, notre groom _____ promener.

6. Y a-t-il du courrier pour mon mari?

— Un instant, Madame, je _____ voir.

7. Est-ce que Mme Duval est déjà arrivée?

— Attendez, je _____ demander au réceptionnaire.

8. Quel est le numéro de téléphone de l'Office du tourisme, s.v.p.?

— Un moment, Mademoiselle, je _____ chercher dans l'annuaire.

9. Le cendrier est plein, Monsieur.

— Excusez-moi, Monsieur, je _____ enlever tout de suite.

10. Il n'y a pas d'huile sur la table.

— Je regrette beaucoup, Madame. Le serveur _____ apporter.

Mesdames, Messieurs,

besonders in schwierigen Zeiten ist es schön, gute Freunde zu haben.
Aber leider (hélas) gibt es auch falsche Freunde.
Selbst in der Sprache begegnen wir den „faux amis".
Doch sehen Sie selbst, ob Sie sich vor ihnen fürchten müssen:

le café: Heißgetränk und Stätte der Begegnung. Letztere hat allerdings nichts mit der landläufigen Vorstellung zu tun, wie sie bei uns herrscht. Vielmehr handelt es sich um eine Bar bzw. eine Kneipe. Das Pendant zu unserem Café wäre eher der „salon de thé". Die kleinen runden Tische, die oft so dicht nebeneinander stehen, dass sie einander berühren, entsprechen dem Bedürfnis der Franzosen nach Individualität und zugleich dem Wunsch nach Geselligkeit. Man kann in Gesellschaft allein sein. Man kann aber auch, wenn man es wünscht, leicht Kontakt zu seinem Nachbarn aufnehmen, zumal man sowieso beinahe auf seinen Knien sitzt.

le baiser: Dies ist „der Kuss" und nicht etwa ein Eiweißgebäck. Jenes heißt auf Französisch „le meringue". Es enthält etwa 20% mehr Zucker als die deutschen Erzeugnisse (wie übrigens die meisten französischen Gebäcksorten) und ist häufig in die abenteuerlichsten Farben getaucht. Vor der Benutzung des Verbs „baiser" kann nicht nachdrücklich genug gewarnt werden. Mein Zartgefühl verbietet es mir, Ihnen zu sagen, warum. Schauen Sie doch einmal im Wörterbuch nach ...

la délicatesse: Zartheit, Feinheit, Behutsamkeit, Taktgefühl. Der Leckerbissen, die erlesene Speise, heißt auf Französisch „le morceau de choix".

19. Die reflexiven Verben

Les verbes pronominaux

	se présenter (sich [jmd.] vorstellen)	
1. Person Singular	**je me présente**	ich stelle mich vor
2. Person Singular	**tu te présentes**	du stellst dich vor
3. Person Singular	**il, elle se présente**	er, sie, es stellt sich vor
1. Person Plural	**nous nous présentons**	wir stellen uns vor
2. Person Plural	**vous vous présentez**	ihr stellt euch vor, Sie stellen sich vor
3. Person Plural	**ils, elles se présentent**	sie stellen sich vor
2. Partizip (participe passé)	**s'être présenté,e**	sich vorgestellt haben

Merke: Alle reflexiven (= rückbezüglichen) Verben werden im Perfekt mit einer konjugierten Form von **être** zusammengesetzt.

Das Reflexivpronomen steht vor dem konjugierten Verb.

Aussageform: Le chef de cuisine **se** présente aux clients. — Der Küchenchef stellt sich den Gästen vor.

Au petit déjeuner vous **vous** contentez d'une tasse de café et d'un croissant. — Zum Frühstück gebt ihr euch/geben Sie sich mit einer Tasse Kaffee und einem Croissant zufrieden.

Tu **te** sers. — Du bedienst dich.

Frageform: (Inversion) Le chef de cuisine **se** présente-t-il aux clients? — Stellt sich der Küchenchef den Gästen vor?

Au petit déjeuner **vous** contentez-vous d'une tasse de café et d'un croissant? — Gebt ihr euch/geben Sie sich zum Frühstück mit einer Tasse Kaffee und einem Croissant zufrieden?

Te sers-tu? — Bedienst du dich?

Die Verneinung schließt das konjugierte Verb und das Reflexivpronomen ein.

Beispiele:

Le chef de cuisine **ne** se présente **pas** aux clients. — Der Küchenchef stellt sich nicht den Gästen vor.

Au petit déjeuner vous **ne** vous contentez **pas** d'une tasse de café et d'un croissant. — Zum Frühstück gebt ihr euch/geben Sie sich nicht mit einer Tasse Kaffee und einem Croissant zufrieden.

Tu **ne** te sers **pas**. — Du bedienst dich nicht.

Folgt dem Reflexivpronomen ein Verb, das mit einem Vokal beginnt, so werden **me**, **te** und **se** apostrophiert.

Beispiel:

Tu **t'**amuses bien. — Du amüsierst dich gut.

Im Perfekt (passé composé) richtet sich das 2. Partizip in Geschlecht und Zahl nach dem Reflexivpronomen und dem entsprechenden Bezugswort (Subjekt). (s. Anmerkung 13)

Aussageform:	Le chef de cuisine s'est présent**é** aux clients.	Der Küchenchef hat sich den Gästen vorgestellt.
	Au petit déjeuner vous vous êtes content**é** d'une tasse de café et d'un croissant.	Zum Frühstück haben Sie sich mit einer Tasse Kaffee und einem Croissant begnügt.
	Au petit déjeuner vous vous êtes content**ée** d'une tasse de café et d'un croissant.	Zum Frühstück haben Sie sich mit einer Tasse Kaffee und einem Croissant begnügt.
	Au petit déjeuner vous vous êtes content**és** d'une tasse de café et d'un croissant.	Zum Frühstück habt ihr euch/haben Sie sich mit einer Tasse Kaffee und einem Croissant begnügt.
	Au petit déjeuner vous vous êtes content**ées** d'une tasse de café et d'un croissant.	Zum Frühstück habt ihr euch/haben Sie sich mit einer Tasse Kaffee und einem Croissant begnügt.
	Tu t'es servi(**e**).	Du hast dich bedient.
Frageform: (Inversion)	Le chef de cuisine **s**'est-il présent**é** aux clients?	Hat sich der Küchenchef den Gästen vorgestellt?
	Au petit déjeuner **vous** êtes-vous content**é** d'une tasse de café et d'un croissant?	Haben Sie sich zum Frühstück mit einer Tasse Kaffee und einem Croissant begnügt?
	Au petit déjeuner **vous** êtes-vous content**ée** d'une tasse de café et d'un croissant?	Haben Sie sich zum Frühstück mit einer Tasse Kaffee und einem Croissant begnügt?
	Au petit déjeuner **vous** êtes-vous content**és** d'une tasse de café et d'un croissant?	Habt ihr euch/haben Sie sich zum Frühstück mit einer Tasse Kaffee und einem Croissant begnügt?
	Au petit déjeuner **vous** êtes-vous content**ées** d'une tasse de café et d'un croissant?	Habt ihr euch/haben Sie sich zum Frühstück mit einer Tasse Kaffee und einem Croissant begnügt?
	T'es-tu servi(**e**)?	Hast du dich bedient?
Verneinung:	Le chef de cuisine ne **s**'est pas présent**é** aux clients.	Der Küchenchef hat sich den Gästen nicht vorgestellt.
	Au petit déjeuner vous ne **vous** êtes pas content**é** d'une tasse de café et d'un croissant.	Zum Frühstück haben Sie sich nicht mit einer Tasse Kaffee und einem Croissant begnügt.
	Au petit déjeuner vous ne **vous** êtes pas content**ée** d'une tasse de café et d'un croissant.	Zum Frühstück haben Sie sich nicht mit einer Tasse Kaffee und einem Croissant begnügt.
	Au petit déjeuner vous ne **vous** êtes pas content**és** d'une tasse de café et d'un croissant.	Zum Frühstück habt ihr euch/haben Sie sich nicht mit einer Tasse Kaffee und einem Croissant begnügt.
	Au petit déjeuner vous ne **vous** êtes pas content**ées** d'une tasse de café et d'un croissant.	Zum Frühstück habt ihr euch/haben Sie sich nicht mit einer Tasse Kaffee und einem Croissant begnügt.
	Tu ne **t**'es pas servi(**e**).	Du hast dich nicht bedient.

Verneinte Frageform: (Inversion)	Le chef de cuisine ne **s'**est-il pas présenté aux clients?		Hat sich der Küchenchef den Gästen nicht vorgestellt?
	Au petit déjeuner ne **vous** êtes-vous pas content**é** d'une tasse de café et d'un croissant?		Haben Sie sich zum Frühstück nicht mit einer Tasse Kaffee und einem Croissant begnügt?
	Au petit déjeuner ne **vous** êtes-vous pas content**és** d'une tasse de café et d'un croissant?		Habt ihr euch/haben Sie sich zum Frühstück nicht mit einer Tasse Kaffee und einem Croissant begnügt?
	Ne **t'**es-tu pas servi(**e**)?		Hast du dich nicht bedient?

Im **futur proche** steht das Reflexivpronomen **vor** dem **Infinitiv** des entsprechenden Hauptverbs.

Aussageform:	Le chef de cuisine va **se** présenter aux clients.		Der Küchenchef wird sich den Gästen vorstellen.
	Au petit déjeuner vous allez **vous** contenter d'une tasse de café et d'un croissant.		Zum Frühstück werdet ihr euch/werden Sie sich mit einer Tasse Kaffee und einem Croissant begnügen.
	Tu vas **te** servir.		Du wirst dich bedienen.
Frageform: (Inversion)	Le chef de cuisine va-t-il **se** présenter aux clients?		Wird sich der Küchenchef den Gästen vorstellen?
	Au petit déjeuner allez-vous **vous** contenter d'une tasse de café et d'un croissant?		Werdet ihr euch/werden Sie sich zum Frühstück mit einer Tasse Kaffee und einem Croissant begnügen?
	Vas-tu **te** servir.		Wirst du dich bedienen?
Verneinung:	Le chef de cuisine ne va pas **se** présenter aux clients.		Der Küchenchef wird sich den Gästen nicht vorstellen.
	Au petit déjeuner vous n'allez pas **vous** contenter d'une tasse de café et d'un croissant.		Zum Frühstück werdet ihr euch/werden Sie sich nicht mit einer Tasse Kaffee und einem Croissant begnügen.
	Tu ne vas pas **te** servir.		Du wirst dich nicht bedienen.
Verneinte Frageform: (Inversion)	Le chef de cuisine ne va-t-il pas **se** présentér aux clients?		Wird sich der Küchenchef den Gästen nicht vorstellen?
	Au petit déjeuner n'allez-vous pas **vous** contenter d'une tasse de café et d'un croissant?		Werdet ihr euch/werden Sie sich zum Frühstück nicht mit einer Tasse Kaffee und einem Croissant begnügen?
	Ne vas-tu pas **te** servir?		Wirst du dich nicht bedienen?

		s'appeler (heißen)	
1. Person Singular		je m'appelle	ich heiße
2. Person Singular		tu t'appelles	du heißt
3. Person Singular		il, elle s'appelles	er, sie, es heißt
1. Person Plural		nous nous appelons	wir heißen
2. Person Plural		vous vous appelez	ihr heißt, Sie heißen
3. Person Plural		ils, elles s'appellent	sie heißen
2. Partizip (participe passé)		s'être appelé, e	geheißen haben

		s'asseoir (sich setzen)	
1. Person Singular		je m'assieds*	ich setze mich
2. Person Singular		tu t'assieds	du setzt dich
3. Person Singular		il, elle s'assied	er, sie, es setzt sich
1. Person Plural		nous nous asseyons	wir setzen uns
2. Person Plural		vous vous asseyez	ihr setzt euch, Sie setzen sich
3. Person Plural		ils, elles s'asseyent	sie setzen sich
2. Partizip (participe passé)		s'être assis, e	sich gesetzt haben

* Parallelformen: je m'assois; tu t'assois; il, elle s'assoit; nous nous assoyons; vous vous assoyez; ils, elles s'assoient

Vokabeln

s'agir de	sich handeln um	se rencontrer	sich treffen
il s'agit de	es handelt sich um	se référer à	sich beziehen auf
se servir	sich bedienen	le maître d'hôtel	Oberkellner
s'asseoir	sich setzen	le foyer	Foyer, Vorraum, Halle
se présenter à qn	sich jmd. vorstellen		
se contenter de qc	sich mit etwas begnügen	le spectacle	Schauspiel
s'appeler	heißen	(à) bon marché	preiswert, günstig
s'installer	sich niederlassen, Platz nehmen	le produit	Produkt, Erzeugnis
		l'entrée, f.	Eingang; Eintritt
s'amuser	sich amüsieren	le (la) concierge	Pförtner(in)
s'occuper de qn/de qc	sich mit jmd./etwas beschäftigen	près de	bei, in der Nähe
		bien (Adv.)	gut
se trouver	sich befinden	le buffet	Büfett
s'adresser à qn	sich an jmd. wenden	le (télé)fax, la télécopie	(Tele)Fax

Übungen

Setzen Sie die folgenden Verben ins Präsens:
Mettez les verbes suivants au présent:

1. (s'appeler)   Je _____ Christine Duboux.

2. (se présenter)   Un client _____ à la réception de l'hôtel.

3. (s'installer)   Nous _____ sur la terrasse.

4. (s'occuper)   Le groom _____ des bagages.

5. (s'adresser)   Vous _____ au concierge.

6. (se trouver)   Tu _____ près de la Gare du Nord.

7. (s'agir de)   Il _____ d'une réclamation.

8. (s'amuser)   Les dames _____ bien.

9. (se rencontrer) Les membres du congrès _____ au bar.

10. (se servir)   Elle _____ au buffet.

Setzen Sie die folgenden Sätze in die Frageform:
Mettez les phrases suivantes à la forme interrogative:

1. Elle s'appelle Nicole.

2. Le sommelier s'occupe du vin.

3. Nous nous trouvons près du théâtre.

4. Tu t'adresses au maître d'hôtel.

5. Les amis se rencontrent au foyer.

6. Vous vous installez au restaurant.

7. La dame s'assied près de la fenêtre.

8. Ils se servent à la cantine.

9. L'apprenti se présente au chef de cuisine.

10. Elles se réfèrent à leur réservation de chambre.

Verneinen Sie die folgenden Sätze:
Mettez les phrases suivantes à la forme négative:

1. Elles s'amusent du spectacle.

2. Je me sers d'un plan de ville.

3. Vous vous contentez d'un menu bon marché.

4. Il s'agit d'un produit français.

5. Nous nous asseyons près de l'entrée.

Setzen Sie die folgenden Sätze ins Perfekt und anschließend ins „futur proche":
Mettez les phrases suivantes au passé composé et ensuite au "futur proche":

1. Elle s'adresse au serveur.

2. Les clients s'installent-ils à la table ronde?

3. Nous ne nous présentons pas au directeur de l'hôtel.

4. Vous vous amusez bien.

5. Je me réfère à votre fax.

20. Das betonte Personalpronomen
Le pronom personnel tonique

1. Person Singular	**moi**	ich
2. Person Singular	**toi**	du
3. Person Singular, maskulin	**lui**	er, sie, es
3. Person Singular, feminin	**elle**	er, sie, es
3. Person Singular, reflexiv	**soi**	sich
1. Person Plural	**nous**	wir
2. Person Plural	**vous**	ihr, Sie
3. Person Plural, maskulin	**eux**	sie
3. Person Plural, feminin	**elles**	sie

Das betonte Personalpronomen verstärkt das Personalpräfix (das unbetonte Personalpronomen) und unterstreicht seine Bedeutung. Im Deutschen wird dasselbe durch die Betonung des Personalpronomens erreicht.

Beispiele:

Moi, je prépare les hors-d'œuvre.	**Ich** bereite die Vorspeisen zu.
Toi, tu t'occupes du potage.	**Du** kümmerst dich um die Suppe.
Lui, il nettoie les poissons.	**Er** säubert die Fische.
Elle, elle surveille le plat de résistance.	**Sie** überwacht das Hauptgericht.
Nous, nous composons un plateau de fromages.	**Wir** stellen eine Käseplatte zusammen.
Vous, vous confectionnez les desserts.	**Ihr** bereitet/**Sie** bereiten die Nachspeisen zu.
Eux, ils choisissent les vins.	**Sie** (m.) wählen die Weine aus.
Elles, elles mettent les tables.	**Sie** (f.) decken die Tische.

Merke:	In der 3. Person Singular (m.) und in der 3. Person Plural (m.) kann das Personalpräfix (das unbetonte Personalpronomen) entfallen.

Beispiele:

Lui place les clients.	**Er** plaziert die Gäste.
Eux servent le café.	**Sie** servieren den Kaffee.

Das betonte Personalpronomen kann auch allein stehen.

Beispiel:

Qui a signé cette facture? **Moi**.	Wer hat diese Rechnung unterschrieben? **Ich**.

Das betonte Personalpronomen steht nach Präpositionen.

Beispiele:

J'aime bien travailler en équipe **avec eux**.	Ich mag gern **mit ihnen** in der Gruppe arbeiten.
Ces couteaux sont **à moi**.	Diese Messer gehören **mir**.
Il est arrivé **avant toi**.	Er ist **vor dir** angekommen.
Chacun pense **à soi**.	Jeder denkt **an sich**.

Vokabeln

le hors-d'œuvre	Vorspeise	**le porc**	Schwein; Schweinefleisch
le potage	Suppe; meistens gebunden und mit Fleisch-, Fisch- oder Gemüseeinlage	**le livre de cuisine**	Kochbuch
		la femme de chambre	Zimmermädchen
		s'occuper de qc	sich um etwas kümmern
le poisson	Fisch	**nettoyer**	reinigen, säubern
le plat de résistance	Hauptgericht	**surveiller**	überwachen
le plateau	Platte	**composer**	zusammenstellen
la facture	Rechnung	**confectionner**	herstellen
l'équipe, f.	Gruppe; Mannschaft	**choisir**	(aus)wählen
le couteau	Messer	**mettre la table**	den Tisch decken
la crème	Sahne	**signer**	unterschreiben
l'ail, m.	Knoblauch	**travailler**	arbeiten
l'oignon, m.	Zwiebel	**être à**	gehören
le persil	Petersilie	**fouetter**	peitschen; hier: schlagen
la vinaigrette	Vinaigrette, Essig-Kräuter-Soße	**éplucher**	schälen
		hacher	(zer)hacken
le vinaigre	Essig	**ajouter**	hinzufügen, beigeben
l'herbe, f.	Gras; Kraut	**passer**	hier: passieren (durchseihen)
les herbes aromatiques	(Ge)würzkräuter		
la viande	Fleisch	**écraser**	hier: zerstoßen
la purée	Püree, Brei, Mus	**être de service**	im Dienst sein, Dienst haben
le tamis	Sieb	**avant**	vor
la noix	Nuss	**finement** (Adv.)	fein
la cerise	Kirsche	**souvent**	häufig, oft

Übungen

Fügen Sie das entsprechende betonte Personalpronomen hinzu:
Mettez le pronom personnel tonique convenable:

1. _____, tu fouettes la crème.

2. _____, nous épluchons l'ail et les oignons.

3. _____, ils lavent la salade.

4. _____, je hache finement le persil.

5. _____, elles font une vinaigrette.

6. _____, il ajoute des herbes aromatiques à la viande.

7. _____, elle passe la purée au tamis.

8. _____, vous écrasez les noix.

Beantworten Sie die folgenden Fragen, indem Sie das betonte Personalpronomen verwenden:
Répondez aux questions suivantes en employant le pronom personnel tonique:

1. Aimez-vous les cerises au vinaigre?

   Oui, _____

2. Mange-t-il souvent du porc?

   Non, _____

3. A-t-elle beaucoup de livres de cuisine?

   Oui, _____

4. Les apprentis travaillent-ils aussi très tard le soir?

   Non, _____

5. Es-tu de service aujourd'hui?

   Oui, _____

6. Les femmes de chambre habitent-elles à l'hôtel?

   Non, _____

L'Etat, c'est moi! (Der Staat bin ich!) soll Ludwig XIV. (1638-1715) verkündet haben, und diese kühne Behauptung ziert seitdem jede Zitatensammlung. Doch nicht nur sein politisches Selbstbewusstsein hat den „Sonnenkönig" berühmt gemacht, sondern auch die Förderung der Künste und der Architektur und nicht zuletzt seine verschwenderische Hofhaltung und seine pompösen Bankette.

Der König, ein typischer Vertreter des spätbarocken Genussmenschen, hielt es allerdings eher mit der Prasserei als mit dem Raffinement. So ist es z. B. überliefert, dass seine zahlreichen Maîtressen auffallend häufig bei der Messe oder im Beichtstuhl anzutreffen waren – jedoch nicht aus purer Frömmigkeit, sondern eher, um den galanten Nachstellungen des Königs zu entgehen, dessen fauliges Gebiss, der üble Mundgeruch und die unreinen Kleider überaus abstoßend waren.

21. Der Imperativ
L'impératif

1. Der bejahte Imperativ
L'impératif à la forme affirmative

2. Person Singular	**Reste**	ici.	Bleib hier!
1. Person Plural	**Restons**	ici.	Lasst uns hierbleiben!
2. Person Plural	**Restez**	ici.	Bleibt hier! Bleiben Sie hier!
2. Person Singular	**Mets**	la table.	Deck den Tisch!
1. Person Plural	**Mettons**	la table.	Lasst uns den Tisch decken!
2. Person Plural	**Mettez**	la table.	Deckt den Tisch! Decken Sie den Tisch!

Mit dem Imperativ kann man einen Befehl (eine Anweisung), einen Wunsch oder einen Ratschlag ausdrücken.
Das Personalpräfix entfällt ebenso wie das –s in der 2. Person Singular der Verben auf –er.
Es gibt einige Sonderformen (s. Anmerkung 14), darunter auch **veuillez**, 2. Person Plural von vouloir = würdet/wollt ihr bitte; würden/wollen Sie bitte.

Daher: **Veuillez me suivre.** Bitte folgen Sie mir!

Imperativ mit einem Objektpronomen:

Beispiele:

Passe-moi le sel.	Reich mir das Salz!
Lave-toi les mains.	Wasch dir die Hände!
Donne-lui la casserole.	Gib ihm/ihr den Topf!
Servez-nous un café.	Servieren Sie uns einen Kaffee!
Asseyez-vous donc.	Setzt euch/setzen Sie sich doch!
Présentez-leur l'addition.	Legen Sie ihnen die Rechnung vor!
Accompagnez-moi à la gare.	Begleiten Sie mich zum Bahnhof!
Place-toi près de l'entrée.	Stell dich am Eingang hin!
Passez la sauce au chinois.	Passieren Sie die Soße durch das Spitzsieb!
Passez-la au chinois.	Passieren Sie sie durch das Spitzsieb!
Beurrez le sautoir.	Buttern Sie den Schmortopf!
Beurrez-le.	Buttern Sie ihn!
Egouttez les pommes de terre.	Gießen Sie die Kartoffeln ab!
Egouttez-les.	Gießen Sie sie ab!

Die Objektpronomen sind alle betont und werden durch einen Bindestrich mit dem Verb verbunden.
Bei 2 Objektpronomen, die dem Verb folgen, steht das direkte Objektpronomen unmittelbar hinter dem Verb.

Beispiele:

Passe-moi le sel.	Reich mir das Salz!
Passe-le-moi.	Reich es mir!
Passez-lui la tarte.	Reichen Sie ihm/ihr die Torte!
Passez-la-lui.	Reichen Sie sie ihm/ihr!

2. Der verneinte Imperativ
L'impératif à la forme négative

2. Person Singular	Ne **poivre** pas trop la viande.	Pfeffere das Fleisch nicht zu sehr!
1. Person Plural 2. Person Plural	Ne **restons** pas ici. N'**ajoutez** pas d'ail.	Laßt uns nicht hierbleiben! Fügen Sie keinen Knoblauch bei!

Der Imperativ wird in die Verneinung eingeschlossen.

Imperativ mit einem Objektpronomen:

Beispiele:

Ne **me servez** plus de champagne.	Servieren Sie mir keinen Champagner mehr!
Ne **te brûle** pas les mains.	Verbrenn dir nicht die Hände!
Ne **lui envoyez** pas la note.	Schicken Sie ihm/ihr nicht die Rechnung!
Ne **nous refusez** pas l'avance.	Verweigern Sie uns nicht den Vorschuss!
Ne **vous installez** pas trop près de la porte.	Nehmen Sie nicht zu nahe an der Tür Platz!
Ne **leur réservez** pas la place près de la cuisine.	Reservieren Sie ihnen nicht den Platz in der Nähe der Küche!
Ne **me téléphonez** pas ce soir.	Rufen Sie mich heute Abend nicht an!
Ne **te fatigue** pas.	Überanstrenge dich nicht!
La sauce est prête. Ne **la chauffez** plus.	Die Soße ist fertig. Erhitzen Sie sie nicht mehr!
Le chef est au restaurant. Ne **le dérangez** pas.	Der Chef ist im Restaurant. Stören Sie ihn nicht!
Les fruits ne sont pas mûrs. Ne **les mangez** pas.	Die Früchte sind nicht reif. Essen Sie sie nicht!

Das Objektpronomen und der Imperativ werden in die Verneinung eingeschlossen. Bei 2 Objektpronomen stehen beide vor dem Verb.

Beispiele:

Ne **lui envoyez** pas la note.	Schicken Sie ihm/ihr nicht die Rechnung!
Ne **la lui envoyez** pas.	Schicken Sie sie ihm/ihr nicht!
Ne **te brûle** pas les mains.	Verbrenn dir nicht die Hände!
Ne **te les brûle** pas.	Verbrenn sie dir nicht!

Vokabeln

rester	(übrig)bleiben
vouloir	wollen
passer	(vorbei)gehen; verbringen; reichen; passieren (= durchseihen)
accompagner	begleiten
beurrer	buttern, mit Butter bestreichen
égoutter	abgießen; abtropfen lassen
le sel	Salz
la casserole	(Stiel)topf
la gare	Bahnhof
l'entrée, f.	Eingang; Eintritt
le chinois[1]	Spitzsieb
le sautoir	Schmortopf
la pomme de terre	Kartoffel (wörtl.: Erdapfel)
poivrer	pfeffern
ajouter	hinzufügen, beigeben
brûler	(ver)brennen
envoyer	schicken, senden
refuser	verweigern; zurückweisen
se fatiguer	sich (über)anstrengen; ermüden
la viande	Fleisch
l'ail, m.	Knoblauch
la main	Hand
la note	Rechnung; Notiz
l'avance, f.	Vorschuss, Vorauszahlung
le soir	Abend
prêt,e	bereit, fertig
le fruit	Frucht, Obst
chauffer	erhitzen, erwärmen; heizen
réchauffer	wieder erhitzen, aufwärmen
déranger	stören; in Unordnung bringen
le vin	Wein
la cannelle	Zimt
le bâton de cannelle	Zimtstange
le girofle, le clou de girofle	Gewürznelke[2]
le clou	Nagel
l'orange, f.	Apfelsine, Orange
l'heure, f.	Stunde; Zeit
le litre	Liter
le feu	Feuer
le goût	Geschmack
laver	waschen, abwaschen
piquer	hier: (ein)stechen
laisser	(zu)lassen
macérer	einlegen, mazerieren
retirer	herausnehmen, wegnehmen
verser	(ein)gießen, einschenken
sucrer	zuckern
porter à l'ébullition	zum Kochen bringen
infuser	ziehen lassen
sortir[3]	hier: herausnehmen
couper	(zer)schneiden
mélanger	(ver)mischen
monter la température[4]	die Temperatur erhöhen
vider	leeren; ausnehmen
arroser	beträufeln; benetzen; begießen
le jus	Saft
la noix	Nuss
le mixer	Mixer
la cocotte	(Schmor)topf. Mitunter hat der Deckel eine Vertiefung, in die man Wasser einfüllt, um so das Austrocknen des Fleisches zu verhindern.
le jambon	Schinken
le morceau	Stück
la crème	Sahne, Rahm, Creme
le poisson	Fisch
le citron	Zitrone
à feu maximum	auf größte(r) Hitze
suivant	hier: je nach, gemäß
suivre qn	jmd. folgen
le petit déjeuner	Frühstück
apporter	bringen
le menu	Speisekarte; Speisenfolge
donner qc à qn	jmd. etw. geben; schenken
le pourboire	Trinkgeld
montrer qc à qn	jmd. etw. zeigen
le chemin	Weg
réveiller qn	jmd. wecken
téléphoner à qn	jmd. anrufen
réserver qc à qn	etw. für jmd. reservieren
recommander qc à qn	jmd. etw. empfehlen
accompagner qn	jmd. begleiten
avertir qn[5]	jmd. benachrichtigen; warnen
la serviette	Serviette; Handtuch
tout de suite	sofort
propre	sauber, rein
à volonté	nach Belieben
dégraisser	entfetten

[1] Diese Bezeichnung enstand im 20. Jahrhundert und enthält eine Anspielung auf die spitzen Hüte der Chinesen. „Le chinois" bezeichnet seit 1832 auch eine kleine grüne in Branntwein eingelegte Apfelsine.

[2] In dem berühmten „Abendlied" heißt es:

Guten Abend, gute Nacht, schlupf unter die Deck,
mit Rosen bedacht, morgen früh, wenn Gott will,
mit Näglein besteckt, wirst du wieder geweckt.

Rosen und Gewürznelken (= Näglein) sollen den Kindern als duftendes Lager dienen und ihnen süße Träume bescheren.

[3/4] Die Verben **sortir** und **monter** werden hier als transitive Verben in den zusammengesetzten Zeiten mit **avoir** konjugiert.

[5] Konjugation wie bei **finir**.

Übungen

Formen Sie die folgenden Sätze in Imperativsätze in der 2. Person Singular und in der 2. Person Plural um:

Mettez les phrases suivantes à la forme impérative en employant la 2ème personne au singulier et au pluriel:

Recette: Vin chaud à la cannelle et au girofle:

1. Laver une petite orange.

2. Piquer l'orange de 2 clous de girofle.

3. Laisser macérer 24 heures dans un litre de vin rouge.

4. Retirer l'orange.

5. Verser le vin dans une casserole.

6. Sucrer à volonté.

7. Ajouter un bâton de cannelle.

8. Porter à ébullition.

9. Retirer du feu et laisser infuser la cannelle suivant le goût.

10. Retirer la casserole et réchauffer le vin.

Formen Sie die folgenden Sätze in Imperativsätze um, indem Sie das Akkusativobjekt durch das entsprechende Pronomen ersetzen:
Transformez les phrases suivantes en phrases à l'impératif en remplaçant l'objet direct par le pronom convenable:

1. Vous sortez la viande.

2. Tu verses le jus sur les steaks.

3. Vous mettez les noix dans un mixer.

4. Tu retires la cocotte. (Topf - marmite)

5. Vous coupez le jambon en petits morceaux.

6. Tu mélanges les pommes de terre et la crème.

7. Vous montez la température à feu maximum.

8. Tu dégraisses les sauces.

9. Vous videz le poisson.

10. Tu arroses la banane de jus de citron.

Übersetzen Sie die folgenden Sätze:
Traduisez les phrases suivantes:

1. Bitte folgen Sie mir.

2. Bitte servieren Sie mir das Frühstück.

3. Bitte bringen Sie uns die Speisekarte.

4. Bitte gib ihm ein Trinkgeld.

5. Bitte zeigen Sie ihnen den Weg.

6. Bitte wecken Sie mich um 6:00 Uhr.

7. Bitte rufen Sie ihn an.

8. Bitte reserviere ihr einen guten Platz.

9. Bitte empfehlen Sie uns einen Aperitif.

10. Bitte begleite sie zu ihrem Tisch.

11. Bitte benachrichtigen Sie mich sofort.

12. Bitte bringen Sie ihnen saubere Servietten.

Servietten sind ein selbstverständlicher und unverzichtbarer Bestandteil unserer Tafelkultur. Ihre Benutzung und die sachgemäße Handhabung des Essbestecks verhindern es (meistens), dass wir auf Gläsern und Tassen hässliche Spuren hinterlassen oder uns die Finger bzw. die Kleidung beschmutzen. Wie anders erging es da den Menschen des Mittelalters! Zwar waren die Tische bei Hofe häufig mit kostbaren Tüchern bedeckt, aber das Tafelgeschirr bestand meistens nur aus Trinkgefäßen, Salzfässern, einigen Löffeln und dem Messer, das jeder Gast selbst mitgebracht hatte. Teller waren eine Seltenheit. Stattdessen gab es zuweilen dicke Brotscheiben, die als Unterlage für die Speisen dienten, welche man mit den Händen von der Platte genommen hatte.

Soßen wurden aus dem Löffel oder direkt aus der Schüssel getrunken, und oft teilten sich zwei Tischgenossen ein Glas und eine Speisenunterlage.

Zwar hieß es, man solle sich vor dem Essen die Hände waschen, aber es gab kaum Seife, und so schüttete ein Page den Gästen einfach ein wenig Wasser über die Hände, die dann lufttrocknen sollten.

Es galt als vornehm, die Speisen nur mit drei Fingern zu ergreifen und nie mit beiden Händen in die Schüsseln zu langen. Dennoch war es unvermeidlich, dass Mund und Hände fettig wurden, zumal so mancher Gast, dem ein Bissen nicht recht munden wollte, denselben aus dem Mund entfernte und ihn mehr oder weniger diskret hinter sich warf. Ebenso verfuhr man mit abgenagten Knochen. Diese Essensreste wurden nicht selten von Hunden vertilgt, die im Speisesaal herumliefen und klaglos geduldet wurden.

Der von klebrigen und fetttriefenden Händen gepeinigte Gast aber versuchte, sich an seiner Kleidung, dem Tischtuch oder oft genug am Fell der Hunde zu säubern. Auf vielen Bildern, die höfische Bankette oder adelige Familien bei einer Mahlzeit darstellen, sind diese lebenden Servietten zu sehen.

Mesdames, Messieurs,

nach diesem kleinen Ausflug in die Vergangenheit bitte ich Sie ein letztes Mal:
Veuillez me suivre.

22. Die Relativpronomen „qui" und „que"

Les pronoms relatifs "qui" et "que"

1. Das Relativpronomen „qui"

Singular	qui	der, die, das
Plural	qui	die

Das Relativpronomen **qui** bezieht sich auf Personen und Sachen und ist **Subjekt**.

Kontrollfrage: **wer** oder **was** ...?

Beispiele:

C'est le monsieur **qui** dîne toujours seul. — Das ist der Herr, **der** immer allein zu Abend isst.
C'est la dame **qui** attend dans le hall. — Das ist die Dame, **die** im Foyer wartet.
Voilà la chambre **qui** est réservée aux handicapés. — Da ist das Zimmer, **das** für Behinderte reserviert ist.
Ce sont les clients **qui** ont demandé un lit supplémentaire. — Das sind die Gäste, **die** um ein zusätzliches Bett gebeten haben.

Merke: Auf das Relativpronomen **qui** folgt **immer** ein **Prädikat** (Verb)!

2. Das Relativpronomen „que"

Singular	que	den, die, das
Plural	que	die

Das Relativpronomen **que** bezieht sich auf Personen und Sachen und ist **Akkusativobjekt**.

Kontrollfrage: **wen** oder **was** ... ?

Beispiele:

C'est un collègue **que** j'aime beaucoup. — Das ist ein Kollege, **den** ich sehr gern mag.
Voilà la note **que** vous devez encore signer. — Da ist die Rechnung, **die** Sie noch unterschreiben müssen.
C'est un menu très léger **que** nous vous proposons. — Das ist ein sehr leichtes Menü, **das** wir Ihnen empfehlen.
Voilà les clients **que** vous avez attendus. — Da sind die Gäste, **die** Sie erwartet haben.

Merke: Auf das Relativpronomen **que** folgt **immer** ein **Subjekt**!

Vor einem Vokal wird **que** apostrophiert.

Beispiel:

La limonade **qu**'elle nous a apportée est très bonne. — Die Limonade, **die** sie uns gebracht hat, ist sehr gut.

Da **que** ein Akkusativobjekt ist, achten Sie bitte auf die Veränderlichkeit des Partizips. (l'accord du participe!)

Vokabeln

toujours	immer (noch), noch (immer)	l'entreprise, f.	Unternehmen, Firma
seul,e; Adj.	allein	avoir l'œil à qc	ein Auge auf etwas haben
attendre qn	jmd. erwarten	le poste	Posten
le, la handicapé, -e	Behinderter, Behinderte	exiger	fordern, verlangen
demander qc	etwas verlangen, um etwas bitten	la connaissance	Kenntnis
le lit supplémentaire	Zusatzbett	la langue étrangère	Fremdsprache
le, la collègue	Kollege, Kollegin	il y a	es gibt; da sind
aimer	lieben, mögen	la voiture	Auto, Wagen
beaucoup	viel; sehr	la réception	Empfang
devoir	müssen, sollen; schulden	la fiche du voyageur	Meldezettel
proposer qc	etwas vorschlagen, empfehlen	remplir	(aus)füllen
le, la concierge	Pförtner, Pförtnerin	souvent	oft, häufig
le premier, la première	der, die, das erste	voir	sehen
la personne	Person	visiter	besuchen; besichtigen
rencontrer qn	jmd. treffen	loger	wohnen
être responsable de qc/de qn	für etw./jmd. verantwortlich sein	fameux, fameuse	berühmt
		servir	servieren; (be)dienen
tout	alles; ganz	participer à	teilnehmen, teilhaben an
le personnel	Personal, Belegschaft	le congrès	Kongress
le chef de cuisine	Küchenchef	recruter	(an)werben
le maître	Meister	délicieux, délicieuse	köstlich
créer qc	etwas (er)schaffen, erfinden	la gouvernante	Hausdame
le plat	Gericht; Teller	régler	regeln; regulieren
le chef de partie	Partie-Chef	compétent,e; Adj.	tüchtig
aussi	auch	être pressé,e	es eilig haben
		appeler	(an)rufen

Übungen

Ergänzen Sie „qui" bzw. „que":
Mettez "qui" ou "que":

1. Le concierge d'un hôtel est la première personne _____ les clients rencontrent.

2. Il est responsable de tout le personnel _____ travaille dans le hall.

3. Le chef de cuisine est le maître _____ crée les plats.

4. Ce sont les chefs de partie _____ s'occupent aussi des apprentis.

5. Un directeur d'hôtel est un chef d'entreprise _____ doit avoir l'œil à tout.

6. C'est un poste _____ exige la connaissance d'une langue étrangère.

7. Dans les grands hôtels il y a un groom _____ s'occupe des voitures des clients.

8. A la réception il y a des fiches de voyageur _____ les clients doivent remplir.

9. Très souvent les clients demandent le plan de ville _____ ils ont vu à la réception.

10. Le vin _____ le serveur a apporté est très bon.

Setzen Sie die folgenden Sätze ins Perfekt, und fügen Sie das richtige Relativpronomen ein:
Mettez les phrases suivantes au passé composé en ajoutant le pronom relatif convenable:

1. Voilà la dame _____ a une réclamation.

2. Ce sont les restaurants _____ nous aimons beaucoup.

3. La table _____ vous réservez est très bonne.

4. Les clients _____ logent ici sont très heureux.

5. La qualité des plats _____ vous servez est excellente.

6. Voilà les messieurs _____ participent au congrès.

7. Les apprentis _____ le chef recrute travaillent bien.

8. Les desserts _____ il crée sont délicieux.

9. La gouvernante _____ règle ce problème est très compétente.

10. La dame _____ est pressée appelle un taxi.

23. Das Futur I
Le futur simple

	arriver (ankommen)	
1. Person Singular	j'arriver**ai**	ich werde ankommen
2. Person Singular	tu arriver**as**	du wirst ankommen
3. Person Singular	il, elle arriver**a**	er, sie, es wird ankommen
1. Person Plural	nous arriver**ons**	wir werden ankommen
2. Person Plural	vous arriver**ez**	ihr werdet ankommen, Sie werden ankommen
3. Person Plural	ils, elles arriver**ont**	sie werden ankommen

Das **Futur I** wird zur Bezeichnung eines **zukünftigen Vorgangs** gebraucht (s. Anmerkung 15).
Bei allen Verben auf –er (außer bei **aller** und **envoyer** sowie bei ein paar Sonderformen) **ist der Futur-Stamm mit dem Infinitiv identisch.**
Die Endungen entsprechen – weitgehend – den konjugierten Formen von „avoir" (haben) im Präsens:

j'**ai**	(ich habe)	nous av**ons**	(wir haben)
tu **as**	(du hast)	vous av**ez**	(ihr habt/Sie haben)
il, elle **a**	(er, sie, es hat)	ils, elles **ont**	(sie haben)

	aller (gehen, fahren)	
1. Person Singular	j'ir**ai**	ich werde gehen/fahren
2. Person Singular	tu ir**as**	du wirst gehen/fahren
3. Person Singular	il, elle ir**a**	er, sie, es wird gehen/fahren
1. Person Plural	nous ir**ons**	wir werden gehen/fahren
2. Person Plural	vous ir**ez**	ihr werdet gehen/fahren, Sie werden gehen/fahren
3. Person Plural	ils, elles ir**ont**	sie werden gehen/fahren

	envoyer (schicken/senden)	
1. Person Singular	j'enverr**ai**	ich werde schicken/senden
2. Person Singular	tu enverr**as**	du wirst schicken/senden
3. Person Singular	il, elle enverr**a**	er, sie, es wird schicken/senden
1. Person Plural	nous enverr**ons**	wir werden schicken/senden
2. Person Plural	vous enverr**ez**	ihr werdet schicken/senden, Sie werden schicken/senden
3. Person Plural	ils, elles enverr**ont**	sie werden schicken/senden

Veuillez me suivre © FELDHAUS VERLAG, Hamburg

Und noch ein paar **Sonderformen**:

acheter	(kaufen)	1. Person Singular	j'achèter**ai**	(ich werde kaufen)
appeler	(rufen)	1. Person Singular	j'appeller**ai**	(ich werde [an] rufen)
essuyer	(abwischen)	1. Person Singular	j'essuier**ai**	(ich werde abwischen)
jeter	(werfen)	1. Person Singular	je jetter**ai**	(ich werde werfen)
mener	(führen, leiten)	1. Person Singular	je mèner**ai**	(ich werde führen, leiten)
nettoyer	(reinigen)	1. Person Singular	je nettoier**ai**	(ich werde reinigen)

Alle Futur-Stämme enden auf „r"!

Mesdames, Messieurs,

wie Sie sehen, ist es ganz einfach. Man nehme den Infinitiv eines Verbs auf –**er** (außer **aller** und **envoyer** natürlich) und enscheide sich für die richtige Endung – und schon kann man ca. 90 % aller französischen Verben im Futur I konjugieren.

Probieren Sie es doch einmal:

passer, réserver, désirer, chercher, chauffer, décanter, laver, éplucher, rester, découper, déguster, déjeuner, réclamer, recommander, proposer, etc.

	offrir (anbieten)	
1. Person Singular	j'offrir**ai**	ich werde anbieten
2. Person Singular	tu offrir**as**	du wirst anbieten
3. Person Singular	il, elle offrir**a**	er, sie, es wird anbieten
1. Person Plural	nous offrir**ons**	wir werden anbieten
2. Person Plural	vous offrir**ez**	ihr werdet anbieten, Sie werden anbieten
3. Person Plural	ils, elles offrir**ont**	sie werden anbieten

Bei allen Verben auf –**ir**, die wie Verben auf –**er** konjugiert werden, ist der Futur-Stamm mit dem Infinitiv identisch. Dasselbe gilt für die Verben auf –**ir mit Stammerweiterung**.

Beispiele:

ouvrir	(öffnen)	1. Person Singular	j'ouvrir**ai**	(ich werde öffnen)
couvrir	(bedecken)	1. Person Singular	je couvrir**ai**	(ich werde bedecken)
finir	(beenden)	1. Person Singular	je finir**ai**	(ich werde beenden)
remplir	(füllen)	1. Person Singular	je remplir**ai**	(ich werde füllen)

	prendre (nehmen)	
1. Person Singular	j'prendr**ai**	ich werde nehmen
2. Person Singular	tu prendr**as**	du wirst nehmen
3. Person Singular	il, elle prendr**a**	er, sie, es wird nehmen
1. Person Plural	nous prendr**ons**	wir werden nehmen
2. Person Plural	vous prendr**ez**	ihr werdet nehmen, Sie werden nehmen
3. Person Plural	ils, elles prendr**ont**	sie werden nehmen

Die Verben auf „–re" verlieren das Endungs „–e–" des Infinitivs.

Beispiele:

attendre	(warten)	1. Person Singular	j'attend**rai**	(ich werde warten)
suivre	(folgen)	1. Person Singular	je suiv**rai**	(ich werde folgen)
mettre	(setzen, stellen, legen)	1. Person Singular	je mett**rai**	(ich werde setzen, stellen, legen)

Natürlich gibt es auch unregelmäßige Formen, und da hilft nur eins, nämlich: bimsen, büffeln, pauken, lernen. Das kann man z. B. während der Bahnfahrt, bei der Hausarbeit oder auch in der Warteschlange vor der Supermarkt-Kasse oder gar im Stau auf der Autobahn...
Aber Vorsicht! Konjugieren macht süchtig.

avoir	(haben)	j'aurai, tu auras, il, elle aura, nous aurons, vous aurez, ils, elles auront
être	(sein)	je serai, tu seras, il, elle sera, nous serons, vous serez, ils, elles seront
faire	(machen)	je ferai, tu feras, il, elle fera, nous ferons, vous ferez, ils, elles feront
devoir	(müssen, sollen; schulden)	je devrai, tu devras, il, elle devra, nous devrons, vous devrez, ils, elles devront
recevoir	(empfangen)	je recevrai, tu recevras, il, elle recevra, nous recevrons, vous recevrez, ils, elles recevront
pouvoir	(können)	je pourrai, tu pourras, il, elle pourra, nous pourrons, vous pourrez, ils, elles pourront
vouloir	(wollen)	je voudrai, tu voudras, il, elles voudra, nous voudrons, vous voudrez, ils, elles voudront

Mit diesen Beispielen wollen wir es bewenden lassen. Jede handelsübliche Konjugationstabelle informiert Sie darüber, wie mit den weiteren unregelmäßigen Verben zu verfahren ist.

LE COUVERT 1,50   LE BEURRE, la portion 0,55

Melon 6.50

NOS HORS-D'ŒUVRE

Nos Hors-d'œuvre variés Maison 4,90	LA SALADE NIÇOISE 4,90
LES FILETS DE HARENGS	L'ASSIETTE DE CRUDITÉS 4,25
Salade de Pommes ... 2,10	LES SARDINES A L'HUILE avec
LE COLIN FROID, Mayonnaise .. 4,50	Salade de Pommes de terre ... 3,50
LE ROLLMOPS, Salade de Pommes 2,50	L'ŒUF A LA RUSSE 3,50
L'ŒUF A LA GELÉE	L'ASSIETTE DE SALAMI 3,00
A L'ESTRAGON 2,50	LA SALADE DE GRUYÈRE 3,00
LE PAMPLEMOUSSE 2,00	LE THON A L'HUILE 3,50
LA SALADE DE MUSEAU 2,50	LES CHAMPIGNONS à la Grecque 3,50
LA SALADE DE TOMATES ... 2,50	LE JAMBON DE PARIS 4,50
LA SALADE DE CONCOMBRES . 2,50	LE JAMBON DE WESTPHALIE . 5,00
LA SALADE DE CERVELAS 2,90	

NOS HORS-D'ŒUVRE RICHES 18,00
NOTRE PLAT DE CHARCUTERIES FINES ALSACIENNES 4,75
LES SALADES DES VIGNERONS 4,25
LE CROQUE-MONSIEUR 3,50
LE PATÉ EN CROUTE A LA STRASBOURGEOISE 4,80
LE SAUMON FUMÉ 12,00
LE CAVIAR DE LA VOLGA 16,00
LES ASPERGES DE HŒRDT, JAMBON DE WESTPHALIE,
   Sauce Mayonnaise 7,00
LA LANGOUSTE FROIDE Sauce Mayonnaise (Prix selon grosseur)
LA LANGOUSTE THERMIDOR (Prix selon grosseur)

NOS PLATS D'ŒUFS

L'OMELETTE NATURE 2,75	L'OMELETTE
L'OMELETTE PAYSANNE ... 3,50	AUX FOIES DE VOLAILLES .. 4,25
L'OMELETTE AU JAMBON	LES ŒUFS au BACON 3,50
ou AUX CHAMPIGNONS .. 4,00	

NOS POISSONS

LA LOTTE A L'AMÉRICAINE.................. 5,75

LA TRUITE BELLE MEUNIÈRE . 7,50	LA SOLE BELLE MEUNIÈRE 8,00
LA TRUITE AU BLEU 7,50	LE COLIN FROID Mayonnaise..... 4,50
LA TRUITE AUX AMANDES... 8,00	LE FILET DE SOLE DU CHEF .. 8,00

NOS ENTRÉES

LA TÊTE DE VEAU Vinaigrette. 5,90
LA CERVELLE DE VEAU
   au BEURRE NOIR 7,50
LE RIS DE VEAU FINANCIÈRE
   ou CLAMART 9,50
LE FILET EN CHEVREUIL
PURÉE DE MARRONS 9,20

NOS GRILLADES

LA COTE DE PORC GRILLEE .. 6,50
L'ENTRECOTE MINUTE
   Pommes Pont-Neuf 7,50
LES COTES D'AGNEAU Vert-Pré 8,50
L'ENTRECOTE MARCHAND
   DE VIN 7,50
LA BROCHETTE DE ROGNONS
   VERT-PRÉ 6,50
LE TOURNEDOS GRILLE 9,50
LES ROGNONS DE VEAU
   GRILLÉS 9,00
LA BROCHETTE DE FILET
   Sauce Béarnaise 7,50

LA SOUPE A L'OIGNON
GRATINÉE 3,00

Gourmets !..
... pour votre Régal
je vous recommande :

CRÊPE DE HOMARD 8,50
LES LANGOUSTINES Mayonnaise 7,50
LE PILAFF DE LANGOUSTE .. 8,50
LES TRIPES DE
   LA MÈRE MARTIN 4,25
LE PIED DE PORC GRILLÉ 4,25
LA COQUILLE SAINT-JACQUES
   Provençale ou Normande ... 7,00
LES QUENELLES DE BROCHET
   AU RIESLING 7,50
LE DELICE DES
   HAUTES-VOSGES 8,50
LE STEAK AU POIVRE
   FLAMBÉ FINE CHAMPAGNE. 9,50
LE COQ AU RIESLING NOUILLES
   FRAICHES MAISON 9,00
LES ROGNONS FLAMBÉS 11,00
LE COQUELET DE LA WANTZENAU
   EN COCOTTE ou à L'AMÉRICAINE
   SAUCE DIABLE
   (pour 2 personnes) 18,00
LA GRILLADE MAISON
   Sauce Béarnaise (pour 2 pers.) 19,00

19

LE GRATIN DE LANGOUSTE
   FLAMBÉ AU WHISKY 9,50
LES ESCARGOTS DE BOURGOGNE
   La 1/2 douz. 3,80   La douz. 6,00
LES CUISSES DE GRENOUILLES
   à la Provençale 8,50
LA FONDUE BOURGUIGNONNE
   (pour 2 personnes) 19,00

NOS SPÉCIALITÉS D'ALSACE

LES SAUCISSES DE FRANCFORT, Salade de Pommes......... 3,25
LA TARTE A L'OIGNON 3,00
LA QUICHE LORRAINE 3,25
LE PLAT DE CHOUCROUTE AU RIESLING
   GARNI A L'ALSACIENNE 7,50
LA CHOUCROUTE AU JAMBONNEAU 7,50
LES FILETS MIGNONS DU GÉNÉRAL RAPP 8,50
LES ROGNONS DE VEAU EN COCOTTE................. 9,00
LE VÉRITABLE FOIE GRAS D'ALSACE 16,00
NOTRE FORMIDABLE PLAT DE CHOUCROUTE SPÉCIALE
   AU CHAMPAGNE (pour 2 personnes) 19,00

NOS ROTIS

LE POULET DE LA FERME GARNI (pour 4 personnes) 35 Minutes 24,00

NOS PLATS FROIDS

LE ROASTBEEF, Sauce Mayonnaise 5,80
LE 1/4 DE POULET A LA GELEE, SALADE VERTE 6,50
L'ASSIETTE ANGLAISE 6,50
LE BEEFSTEACK TARTARE 8,00

NOS LÉGUMES

LES POMMES A L'ANGLAISE . 1,25	LA SALADE VERTE 2,50
LES POMMES PONT-NEUF ... 1,50	LES HARICOTS VERTS
LES NOUILLES Maison au Beurre 2,00	AU BEURRE 3,00
LA SALADE D'ENDIVES 3,00	LES PETITS POIS
	A LA FRANCAISE 3,00

NOS FROMAGES

NOS FROMAGES ASSORTIS 2,50
LE YOGHOURT 1,80
NOTRE DÉLICIEUX MUNSTER AU CUMIN 2,50

NOS DESSERTS

LA BANANE 1,50	LA TARTE A L'ALSACIENNE .. 2,50
L'ORANGE 1,50	Avec Crème Chantilly 3,00
LA POMME 2,25	LA MERINGUE GLACÉE
LE PAMPLEMOUSSE 2,00	Chantilly 3,75
LA CREME CARAMEL 2,50	LA COUPE DE FRUITS
LA COUPE SAINT-EUSTACHE . 4,50	RAFRAICHIS 3,50
LA COUPE DE GLACE MAISON. 2,50	L'ANANAS AU KIRSCH 3,00
LA CASSADE 2,50	LA PÊCHE MELBA 3,00
LE PARFAIT AU CAFÉ 2,50	L'ANANAS MELBA 4,00
	LA PÊCHE MELBA CHANTILLY . 4,00

Framboise *avec 4.25*
Crème 3.75

Les Plats sont chiffrés par personne   Service non compris

LA MAISON N'ACCEPTE AUCUN CHÈQUE EN PAIEMENT

24. Das Konditional I
Le conditionnel présent

	arriver (ankommen)	
1. Person Singular	j'arriver**ais**	ich würde ankommen
2. Person Singular	tu arriver**ais**	du würdest ankommen
3. Person Singular	il, elle arriver**ait**	er, sie, es würde ankommen
1. Person Plural	nous arriver**ions**	wir würden ankommen
2. Person Plural	vous arriver**iez**	ihr würdet ankommen, Sie würden ankommen
3. Person Plural	ils, elles arriver**aient**	sie würden ankommen

Das Konditional I drückt eine Möglichkeit, eine Annahme oder eine Bedingung aus. Außerdem wird es gern in Höflichkeitsformeln verwendet.

Beispiel:

Pourriez-vous me passer le sel, s'il vous plaît?   Könnten Sie mir bitte das Salz reichen?

Der Konditional-Stamm ist mit dem Futur-Stamm identisch (s. Lektion 23), und die Endungen kennen Sie schon von der Konjugation des Verbs „vouloir" in der Bedeutung „möchten".
(je voudr**ais**, tu voudr**ais**, il, elle voudr**ait**, nous voudr**ions**, vous voudr**iez**, ils, elles voudr**aient**).

Wir können uns also kurz fassen:

aller	(gehen, fahren)	j'irais, tu irais, il, elle irait, nous irions, vous iriez, ils, elles iraient
envoyer	(schicken)	j'enverrais, tu enverrais, il, elle enverrait, nous enverrions, vous enverriez, ils, elles enverraient
offrir	(anbieten)	j'offrirais, tu offrirais, il, elle offrirait, nous offririons, vous offririez, ils, elles offriraient
prendre	(nehmen)	je prendrais, tu prendrais, il, elle prendrait, nous prendrions, vous prendriez, ils, elles prendraient
avoir	(haben)	j'aurais, tu aurais, il, elle aurait, nous aurions, vous auriez, ils, elles auraient
être	(sein)	je serais, tu serais, il, elle serait, nous serions, vous seriez, ils, elles seraient

25. Das Imperfekt
L'imparfait

	arriver (ankommen)	
1. Person Singular	j'arriv**ais**	ich kam an
2. Person Singular	tu arriv**ais**	du kamst an
3. Person Singular	il, elle arriv**ait**	er, sie, es kam an
1. Person Plural	nous arriv**ions**	wir kamen an
2. Person Plural	vous arriv**iez**	ihr kamt an, Sie kamen an
3. Person Plural	ils, elles arriv**aient**	sie kamen an

**Das Imperfekt verwendet man bei der Beschreibung von Personen und Landschaften oder zur Wiedergabe von Gewohnheiten.
Es „antwortet" auf die Frage: Was war schon (immer)?
Hingegen „antwortet" das Perfekt im Französischen auf die Frage: Was geschah (dann)?**

Ja, Sie haben ja recht! In unserer Situation ist es eigentlich von untergeordneter Bedeutung. Aber vielleicht möchten Sie ja noch mehr Französisch lernen, und dann brauchen Sie das Imperfekt dringend zur Bildung von Konditionalsätzen (Bedingungssätzen).
Außerdem ist die Bildung des Imperfekts so fabelhaft einfach, dass Sie sie mühelos lernen können.

Man nehme den **Stamm** der 1. Person Plural **Präsens** eines Verbs und hänge die **Konditionalendung** daran.

Beispiele:

| **décanter** (dekantieren) | nous **décant**ons | (wir dekantieren) |
| | je décant**ais** | (ich dekantierte) |

oder

| **avoir** (haben) | nous **av**ons | (wir haben) |
| | j'av**ais** | (ich hatte) |

oder

| **prendre** (nehmen) | nous **pren**ons | (wir nehmen) |
| | je pren**ais** | (ich nahm) |

Es gibt nur eine einzige Ausnahme, nämlich **être** (sein):

j'**étais**	(ich war)	nous **étions**	(wir waren)
tu **étais**	(du warst)	vous **étiez**	(ihr wart, Sie waren)
il, elle **était**	(er, sie, es war)	ils, elles **étaient**	(sie waren)

Voilà, c'est tout! (So, das ist alles!)

CHAMPAGNE

PIPER-HEIDSIECK

REIMS

Melle L. Gohy

Nachwort

Mesdames, Messieurs,

wir hoffen, dass Ihnen dieses Buch nicht nur Mühe und Arbeit, sondern auch Kurzweil und Freude bereitet hat.

Wir finden, dass Sie jetzt einen guten Schluck vom Wein der Weine – natürlich Champagner! – trinken sollten. Das haben Sie sich verdient! Dem Champagner sagt man nach, er habe Körper (du corps), Herz (du cœur), Geist (de l'esprit) und eine Seele (une âme), also all das, was auch einen Menschen ausmacht.
Die Entstehung des Champagners fällt in die geschichts- und geschichtenträchtige Epoche Ludwig XIV., und es ist ein hübsches Zusammentreffen, dass im Barock (= Perle) dieses kostbare, perlende Getränk in die Welt gekommen ist.
Aller Wahrscheinlichkeit nach war es nicht Dom Pérignon (1638-1715), der den Champagner erfunden hat, aber wir wollen seine Verdienste nicht schmälern. Er erkannte die Ursachen und die Wirkung einer zufälligen Gärung und sorgte dafür, dass diese Kenntnisse nicht verloren gingen.

Wir sagen nicht mehr: Veuillez me suivre, sondern wir erheben das Glas auf Sie und sagen:

Merci de nous avoir suivis! *(Danke, dass Sie uns gefolgt sind!)*

Heidi Schulz-Pierre · Klaus Friederici

Anmerkungen

Anmerkung 1)
Wir unterscheiden in der französischen Sprache 2 Arten des Buchstabens **h**.

a) das sogenannte stumme **h** (**h** muet)
b) das sogenannte gehauchte **h** (**h** aspiré).

Zwar sind beide **h**'s stumm, aber in früheren Zeiten muss das **h** aspiré tatsächlich einmal gehaucht/gesprochen worden sein. Das trifft besonders bei Wörtern zu, die aus dem Germanischen oder Fränkischen entlehnt worden sind. Bei dem **h** aspiré wird weder der Artikel elidiert noch wird vor dem **h** aspiré gebunden (pas de liaison!).
Da man den Wörtern mit **h** meistens nicht ansehen kann, ob es sich um ein **h** muet oder **h** aspiré handelt, muss man die Kennzeichnung in den diversen Lexika beachten. Je nachdem ist das **h** als **h** aspiré fettgedruckt, mit einem Sternchen oder Haken versehen, oder es befindet sich ein kleiner Strich/Balken unter dem **h**.

Anmerkung 2)
Auf die Anführung des 1. Partizips wurde verzichtet, da es außer im adjektivischen Bereich unveränderlich ist und für einen Einführungslehrgang wenig Relevanz hat.

Anmerkung 3)
avoir und **être** können auch Vollverben sein. Das 2. Partizip von **avoir** verändert sich, wenn ein direktes Objekt (Akkusativobjekt) vorausgeht, z.B.:

    La chambre **que** j'ai eu**e** à l'hôtel était très belle.

Anmerkung 4)
Nicht berücksichtigt sind der Gebrauch von **ne** ohne **pas**, das **ne explétif** (das zusätzliche **ne**) sowie die Verneinung eines ganzen Satzes oder eines anderen Satzgliedes als das Verb.

Anmerkung 5)
Ein indirektes Objekt mit **de**, **du**, **de la**, **de l'**... bzw. **des** kann durch **en** ersetzt werden, z. B.:

Elle parle **de Paris**.	Elle **en** parle.
Nous parlons **du restaurant**.	Nous **en** parlons.
Il parle **de la cuisine française**.	Il **en** parle.
Vous ne parlez pas **de l'hôtel**.	Vous n'**en** parlez pas.
Tu ne parles pas **de tes problèmes**.	Tu n'**en** parles pas.

Anmerkung 6)
Ein indirektes Objekt mit **à**, **dans**, **sous**, **sur**, etc. kann durch **y** ersetzt werden, z. B.:

Je pense **à mes vacances**.	J'**y** pense.
Il insiste **sur cette réclamation**.	Il **y** insiste.

Anmerkung 7)
million ist ein Substantiv und wird vor einem Substantiv von einem partitiven **de** gefolgt: un million **de** voyageurs.
million und **zéro** bekommen als Substantive im Plural ein **-s**:

    trois million**s**
    trois zéro**s**

Anmerkung 8)
Adjektive, die von einem Substantiv abgeleitet sind, und zusammengesetzte Farbadjektive bleiben meist unverändert, z. B.:

    des habits kaki
    une robe bleu foncé

Anmerkung 9)
Wie Sie schon gemerkt haben werden, wurde Ihnen das Kapitel „Das Adverb" vorenthalten. Wegen der Kürze der Zeit, die unterrichtsmäßig bei diesem Lehrwerk zur Verfügung steht, wurde das Adverb nur im lexikalischen Bereich berücksichtigt. Zu erwähnen sei an dieser Stelle, dass es sich bei der Steigerung der Adverben ähnlich wie bei der der Adjektive verhält, nämlich Steigerung mit **plus** und **le, la, les plus** bzw. mit **moins** und **le, la, les moins**.

Ausnahmen z. B.:

bien, mieux, le mieux	(gut)
mal, pis, le pis	(schlecht)
peu, moins, le moins	(wenig)
beaucoup, plus, le plus	(viel)

Anmerkung 10)
z. B. auch bei dem Verb vorausgehendem **que**, **quelle**, **quels**, **quelles** und **combien de**:
>   La faute qu'il a fait**e** n'est pas grave.
>   Quelle faute a-t-elle fait**e**?
>   Combien de fautes avez-vous fait**es**?

Anmerkung 11)
Die Dativ- und Akkusativpronomen unterscheiden sich nur in der 3. Person Singular und in der 3. Person Plural.
Stellung der Pronomina:

>   me
>   te   le   lui
>   se   la   leur   y   en
>   nous   les
>   vous

Kombinationsmöglichkeiten:

>   me le   te le   se le   nous le   vous le   le lui   le leur
>   me la   te la   se la   nous la   vous la   la lui   la leur
>   me les   te les   se les   nous les   vous les   les lui   les leur

In anderen Fällen muss man eine Präposition und das passende betonte (unverbundene) Personalpronomen verwenden:
>   Il s'est présenté à moi.

y und **en** stehen gegebenenfalls noch hinter diesen Pronomen.

Anmerkung 12)
futur proche = **futur composé** (zusammengesetzte Zukunft).
Diese Zeitform kann auch eine feste Absicht ausdrücken, z.B.:
>   Je ne vais jamais quitter ce joli appartement.

Anmerkung 13)
Folgt dem Verb ein direktes Objekt, so wird das 2. Partizip nicht verändert:
>   Elle s'est lavée.   Elle s'est lavé les mains.

Anmerkung 14)
Sonderformen:
>   avoir: aie, ayons, ayez
>   être: sois, soyons, soyez
>   savoir: sache, sachons, sachez
>   aller: va, vas-y, va-t'en

Anmerkung 15)
Das Futur kann im Französischen auch eine Anweisung oder einen Befehl ausdrücken:
>   Demain vous changerez les serviettes.

Die phonetische Umschrift
La transcription phonétique

Vokale
Voyelles

[i]	idée	Idee
[e]	élégant	elegant
[ɛ]	excursion	Ausflug
[a]	apéritif	Aperitif
[ɑ]	camarade	Kamerad
[ɔ]	omelette	Omelett
[o]	rose	rosa; Rose
[u]	jour	Tag
[y]	dur	hart
[ø]	deux	zwei
[œ]	directeur	Direktor
[ə]	le	der, (die, das)
[ɛ̃]	vin	Wein
[ã]	chance	Chance, Glück
[ɔ̃]	rond	rund
[œ̃]	un	ein, (eine, ein); eins

Die Tilde (~) kennzeichnet einen Nasal.
Wird ein Vokal lang gesprochen, so wird das durch „ : " kenntlich gemacht, z. B. lard [lɑːʀ], Speck.
Das Trema „ ¨ " trennt zwei Vokale, z. B. égoïste [egɔïst(ə)]
„ ə " = e caduc.

Halbkonsonanten
Semi-consonnes

[j]	camomille	Kamille
[w]	oui	ja
[ɥ]	cuire	kochen

Konsonanten
Consonnes

[p]	pomme	Apfel
[t]	thé	Tee
[k]	carte	Karte
[b]	bonbon	Bonbon
[d]	dame	Dame
[g]	goûter	kosten, probieren
[f]	fermer	schließen
[s]	casser	(zer)brechen
[s]	verser [1]	einschenken, eingießen
[ʃ]	trancher	in Scheiben schneiden
[v]	étuver	dünsten
[z]	braiser [2]	schmoren
[ʒ]	jardin	Garten
[l]	laver	waschen
[ʀ]	crème	Sahne
[m]	Madame	meine Dame
[n]	donner	geben
[ɲ]	agneau	Lamm
[ŋ]	smoking	Smoking

[1] stimmloses „s", wie auch bei: Versailles [vɛʀsaj]
[2] stimmhaftes, intervokalisches „s"

Das Alphabet
L'alphabet

a	[a]	Anatole		n	[ɛn]	Nicolas
b	[be]	Berthe		o	[o]	Oscar
c	[se]	Célestin		p	[pe]	Pierre
d	[de]	Désiré		q	[ky]	Quintal
e	[ø]	Eugène		r	[ʀ]	Raoul
f	[ɛf]	François		s	[ɛs]	Susanne
g	[ʒe]	Gaston		t	[te]	Thérèse
h	[aʃ]	Henri		u	[y]	Ursule
i	[i]	Irma		v	[ve]	Victor
j	[ʒi]	Joseph		w	[dublǝve]	William
k	[ka]	Kléber		x	[iks]	Xavier
l	[ɛl]	Louis		y	[igʀɛk]	Yvonne
m	[ɛm]	Marcel		z	[zɛd]	Zoé
e	[e]	Emile				

Grammatische Bezeichnungen
Terminologie grammaticale

accord	Angleichung von aufeinander bezogenen Satzteilen	z.B. il**s** sont arrivé**s** tard sie sind spät angekommen
adjectif possessif	besitzanzeigender Begleiter	z.B. **mon, ton, son,** mein(e), dein(e), sein(e), ihr(e), ...
Adjektiv	Eigenschaftswort	z.B. **grand, petit, joli** groß, klein, hübsch
Adverb	Wort, das eine Tätigkeit oder eine Eigenschaft näher bestimmt	z.B. **bien, mal, ici, demain, toujours, lentement, gentimen**t gut, schlecht, hier, morgen, immer, langsam, nett
adverbiale Bestimmung	Umstandsbestimmung des Ortes, der Zeit, usw.	z.B. je vais **à la gare** ich gehe zum Bahnhof le train part **à 7 h** der Zug fährt um 7:00 Uhr ab
Artikel	Geschlechtswort	
bestimmter ~	bestimmtes ~	**le, la, l', les** der, die, das; die
unbestimmter ~	unbestimmtes ~	**un, une, des** ein, eine; -
Teilungsartikel	de + bestimmter Artikel; steht vor einer unbestimmten Menge bzw. vor einer unbestimmten Anzahl	z.B. **de la** salade, **du** vin, **de l'**eau, **des** fruits Salat, Wein, Wasser, Obst
Demonstrativ-begleiter	hinweisender Begleiter	**ce, cet, cette; ces** dieser, diese, dieses; diese
Demonstrativ-pronomen	hinweisendes Fürwort	z.B. **celui, celle; ceux, celles; ceci, cela, ça** derjenige, diejenige, dasjenige; diejenigen; dies(es), das
direktes Objekt	Akkusativobjekt Verbergänzung ohne Präposition; Frage: wen oder was?	z.B. il commande **un apéritif** er bestellt einen Aperitif je regarde **la photo** ich betrachte das Foto
direktes Objekts-pronomen	Akkusativpronomen ersetzt ein direktes Objekt	z.B. je regarde **la photo**; je **la** regarde ich betrachte es **me, te, se, nous, vous, le, la, les** mich, dich, sich, uns, euch, Sie, ihn, sie, es, sie
feminin	weiblich	z.B. **la femme**
futur proche	futur composé zusammengesetzte Zukunftsform gebildet aus: "aller" + Infinitiv	z.B. **je vais préparer** le dîner ich werde (gleich) das Abendessen zubereiten
Futur I	futur simple einfache Zukunftsform gebildet aus dem Futurstamm + Endung	z.B. **je préparerai** le dîner ich werde das Abendessen zubereiten
Imperativ	Befehlsform, Appell	z.B. **reste ici! restons ici! restez ici!** bleibt hier! lasst uns hierbleiben! bleibt hier!/ bleiben Sie hier!
Imperfekt	Vergangenheit bzw. Präteritum gebildet aus dem Stamm der 1. Pers. Pl. Präsens + Endung. Ausnahme: "**être**": **j'étais** ...	z.B. **j'av**ais, **tu fais**ais, **il achet**ait, etc. ich hatte, du machtest, er kaufte usw.
Indefinit-pronomen	unbestimmtes Fürwort	z.B. **quelqu'un(e), quelque chose, tout(e), chacun(e)**, etc. jemand, etwas, alle(s), jeder, jede, jedes, usw.
indirektes Objekt	Genetiv- oder Dativobjekt Verbergänzung mit Präposition Frage: wessen oder wem? mögliche Präpositionen: à, avec, chez, de, pour, etc.	elle se souvient **de ce voyage** sie erinnert sich an diese Reise z. B. il présente la facture **à la dame** er legt der Dame die Rechnung vor

indirektes Objekts-pronomen	Fürwort, das ein indirektes Objekt ersetzt	z.B. il présente la facture **à la dame** er legt der Dame die Rechnung vor il **lui** présente la facture er legt sie ihr vor **me, te, se, lui, nous, vous, leur** mir, dir, sich, ihm/ihr, uns, euch/Ihnen, ihnen
Infinitiv	Grundform des Verbs	z.B. **avoir, être, aller, faire,** etc. haben, sein/werden, gehen/fahren, machen/veranlassen, usw.
Interrogativ-begleiter	Fragebegleiter	z.B. **quel livre?** welches Buch?
	Fragewort	z.B. **où? quand? pourquoi?** wo(hin)? wann? warum?
Interrogativ-pronomen	Fragefürwort	z.B. **qui? lequel?** wer? welcher?
Intonations-frage	die Frage entsteht dadurch, dass man am Ende des Aussagesatzes die Stimme hebt	z.B. **tu vas au café** du gehst in die Bar **tu vas au café?** gehst du in die Bar?
Inversionsfrage	die Frage entsteht durch die Umstellung von Verb und Subjekt	z.B. où **vas-tu?** wohin gehst du? que **fait la secrétaire?** was macht die Sekretärin?
Komparation	Vergleich, Steigerung	
Komparativ ~ gleichen Grades	aussi ... que	z.B. Jean est **aussi** grand **que** Pierre Jean ist ebenso groß wie Pierre
~ der Über-legenheit	plus ... que	z.B. Jean est **plus** grand **que** Pierre Jean ist größer als Pierre
~ der Unter-legenheit	moins ... que	z.B. Jean est **moins** grand **que** Pierre Jean ist kleiner als Pierre
Konjugation	Beugung	
konjugieren	dem Personalpräfix eine Verbform zuordnen	z.B. **je donne, tu donnes, il, elle donne, nous donnons, vous donnez, ils, elles donnent** ich gebe, du gibst, er, sie, es gibt, wir geben, ihr gebt/Sie geben, sie geben
konjugiertes Verb	Verb, das – im Gegensatz zum Infinitiv – mit einem Personalpräfix verbunden ist bzw. als Imperativ erscheint	z.B. **je donne, tu donnes,** etc. z.B. **reste! restons! restez!**
Konjunktion	Bindewort es verbindet zwei Sätze	z.B. **et, mais, quand, où, parce que** und, aber, als (wenn), wo(hin), weil
Konsonant	Mitlaut	z.B. **b, c, d, f, g,** usw.
maskulin	männlich	z.B. **le** train der Zug
neutrum	sächlich im Französischen das unpersönliche **il** oder **le**	z.B. **il** pleut es regnet je **le** fais tout de suite ich mache es (das) sofort
Nomen	Hauptwort	z.B. le **restaurant,** la **terrasse** das Restaurant, die Terrasse
participe passé	2. Partizip bzw. Partizip Perfekt notwendiger Bestandteil zur Bildung des Perfekts	z.B. j'ai **réservé** une chambre ich habe ein Zimmer reserviert il est **allé** au théâtre er ist ins Theater gegangen
participe présent	1. Partizip bzw. Partizip Präsens Verbform auf **-ant** dient häufig zur Verkürzung von Nebensätzen	z.B. **allant** indem er, sie, es geht

passé composé	zusammengesetzte Vergangenheit gebildet aus einer konjugierten Form von **avoir** bzw. **être** + 2. Partizip	z.B. **j'ai acheté** un plan de ville ich habe einen Standtplan gekauft **il est allé** au théâtre er ist ins Theater gegangen
Personalpräfix	unbetontes, verbundenes Personalpronomen kennzeichnet die Person bei der Konjugation	z.B. **je** mange au restaurant ich esse im Restaurant **nous** commandons du vin wir bestellen Wein
Personalpronomen	betontes, unverbundenes Personalpronomen	z.B. **moi**, j'aime le chocolat ich mag Schokolade **toi**, tu mets la table du deckst den Tisch
Plural	Mehrzahl	z.B. **les tables, des tables** die Tische, Tische
Plusquamperfekt	vollendete Vergangenheit gebildet mit dem Imperfekt von **avoir** bzw. **être** + 2. Partizip	z.B. **il avait payé** l'addition er hatte die Rechnung bezahlt **j'étais resté** à la maison ich war zu Hause geblieben
Possessivbegleiter	adjectif possessif, besitzanzeigender Begleiter	z.B. **mon, ton, son**, etc. mein(e), dein(e), sein(e), ihr(e) usw.
Possessivpronomen	pronom possessif, besitzanzeigendes Fürwort	z.B. **le mien, le tien, le sien**, etc. meins, deins, seins/ihres, usw.
Präposition	Verhältniswort es kennzeichnet die Beziehung zwischen zwei voneinander abhängigen Wörtern bzw. Wortgruppen, z. B. die Zugehörigkeit, der Aufenthaltsort, die Uhrzeit usw. **à** dient auch zur Bildung zusammengesetzter Wörter; sie bezeichnen oft Speisen	z.B. cette valise est **à** M. Segur dieser Koffer gehört M. Segur il y a de très bons restaurants **à** Paris es gibt sehr gute Restaurants in Paris elle rentre **à** 17 h sie kommt um 17 Uhr zurück le canard **à** l'orange Ente mit Orangensoße la tarte **aux** pommes Apfeltorte **à partir de** von ... an, ab, aufgrund **après** nach **avant; devant** vor **avec** mit **chez** bei, zu, nach **dans** in, im **de** von, aus, usw.
Präsens	Gegenwart (im Gegensatz zu den anderen Zeiten)	z.B. **je mange, tu manges, il mange**, etc. ich esse, du isst, er, sie, es isst, usw.
Reflexivpronomen	rückbezügliches Fürwort	**me, te, se, nous, vous; se** mich, dich, sich, uns, euch; sich
Relativpronomen	bezügliches Fürwort es dient zur Einleitung eines Relativsatzes	z.B. **qui, que, avec qui, à qui, dont**, etc. c'est le monsieur **qui** vient tous les soirs das ist der Herr, der jeden Abend kommt c'est un travail **que** j'aime beaucoup das ist eine Arbeit, die ich gern mag voilà un résultat **dont** tu peux te vanter das ist ein Ergebnis, dessen du dich rühmen kannst
Singular	Einzahl	z.B. **le livre, la chambre**
Subjekt	Satzgegenstand man fragt: **wer** oder **was**?	z.B. **l'hôtel** est très grand das Hotel ist sehr groß **nous** déjeunons à la cantine wir essen in der Kantine zu Mittag

Superlativ	höchste Steigerungsform des Adjektivs bzw. des Adverbs	z.B. la chambre **la plus grande** das größte Zimmer le vin **le plus cher** der teuerste Wein cette marchandise se vend **le mieux** diese Ware verkauft sich am besten
Tempus	Zeitform, die ausdrückt, ob eine Handlung in der Gegenwart, in der Vergangenheit oder in der Zukunft stattfindet	z.B. il **parle** er spricht il **parlait** er sprach il **parlera** er wird sprechen
Verb	Tätigkeitswort	z.B. **donner, faire, servir, finir**, etc. geben, machen, beenden usw.

Vokabeln
Französisch - Deutsch

accepter	akzeptieren	le bain	Bad
accompagner	begleiten	la salle de bain(s)	Badezimmer
acheter	kaufen	la serviette de bain	Badelaken
l'addition, f.	Rechnung	le balcon	Balkon
adorer	schwärmen für, anhimmeln, anbeten	la banane	Banane
		la banque	Bank (Geldinstitut)
l'adresse, f.	Adresse	beau, bel, belle	schön
l'aéroport, m.	Flughafen	beaucoup	viel; sehr
l'affaire, f.	Sache, Angelegenheit, Geschäft	le beurre	Butter (oft etw. gesalzen)
		beurrer	buttern, mit Butter bestreichen
afficher	ankleben		
agréable	angenehm	la bicyclette	(Fahr)Rad
l'ail, m.	Knoblauch	aller à bicyclette	Rad fahren
aimable	liebenswürdig	bien (Adverb)	gut
aimer	lieben, mögen	le billet	Fahr-(Eintritts-)karte
ajouter	hinzufügen, beigeben	bis	graubraun
aller	gehen; fahren	le pain bis	Mischbrot, Graubrot
aller à bicyclette	Rad fahren	blanc, blanche	weiß
aller à cheval	reiten	le bœuf	Rind
aller à pied	zu Fuß gehen	le bœuf bourguignon	Bœf Bourguignon (in Burgunder Rotwein geschmortes Rindfleisch mit Gemüse)
aller en avion	fliegen		
aller en voiture	Auto fahren		
l'ami, m.	Freund		
l'amie, f.	Freundin	bon, bonne	gut
ancien, ne	ehemalig; alt	bonjour	guten Morgen, guten Tag
annuler	annullieren	(à) bon marché	preiswert, günstig
l'apéritif, m.	Aperitif (appetitanregendes Getränk)	bonne nuit	gute Nacht
		bonsoir	guten Abend
appeler	(an)rufen	la bouchée à la reine	Königinpastete
apporter	bringen	la bouillabaisse	provenzalische Fischsuppe
apporter qc	etw. (hin)bringen	la bouteille	Flasche
l'appartement, m.	Wohnung	la boutique	Geschäft
l'apprenti, m.	Auszubildender	la brasserie	Restaurant, Lokal
l'après-midi, m./f.	Nachmittag	le brie	Brie
l'argent, m.	Geld; Silber	la brigade	Mannschaft
aromatique	aromatisch	la brioche	Brioche, Apostelkuchen, Prophetenkuchen
les herbes aromatiques, f. pl.	Gewürzkräuter		
		qn prend de la brioche	jmd. hat/bekommt einen Bauch
l'arrêt, m.	Halt; Haltestelle		
arriver	ankommen	la brochure	Broschüre
arroser	beträufeln; benetzen; begießen	brûler	(ver)brennen
		le buffet	Büfett
l'ascenseur, m.	Fahrstuhl, Aufzug, Lift		
l'asperge, m.	Spargel	le café	Kaffee; Bar, Kneipe
la crème d'asperges	Spargelcremesuppe	le café crème	Kaffee mit viel Milch (in der Familie: café au lait)
l'assiette, f.	Teller		
l'assiette de crudités, f.	Salatplatte, Rohkostplatte	le café décaféiné	koffeinfreier Kaffee
assez	genug; ziemlich	le café express	Espresso
attendre	(er)warten	les cailles, f. pl.	Wachteln
attendre qn	jmd. erwarten	calme	ruhig
l'aubergine, f.	Aubergine	le calvados	Calvados (sehr aromatischer Apfelbranntwein)
aussi	auch		
aussi ...que	ebenso ...wie		
l'autre, m./f.	der, die, das andere	la camomille	Kamille
l'avance, f.	Vorschuss, Vorauszahlung	le canard à l'orange	Ente mit Orangensoße
avant	vor (zeitlich)	la cannelle	Zimt
avertir qn	jmd. benachrichtigen; warnen	le bâton de cannelle	Zimtstange
		la cantine	Kantine
l'avion, m.	Flugzeug	la carafe	Karaffe
avoir	haben	la carte	Karte; Ausweis
avoir l'œil à qc	ein Auge auf etw. haben	la carte de crédit	Kreditkarte
		la carte d'identité	Personalausweis
le bagage	Gepäck(stück)	la carte postale	Postkarte
les bagages, m. pl.	Gepäck	casser	zerbrechen
la baguette	Baguette	la casserole	(Stiel)topf

le cassis	schwarze Johannisbeere	la coque	Schale; Bordwand
le catalogue	Katalog	l'œuf à la coque, m.	gekochtes Ei
la cathédrale	Kathedrale, Dom, Münster	la corbeille	(henkelloser) Korb
la cave	(Wein)keller	la coupe maison	Eisbecher nach Art des Hauses
cela, ça	das, dies(es)		
les céréales, f., pl.	Cerealien, Getreideflocken	couper qc	etw. (zer)schneiden
chaleureux, se	warm(herzig)	le couteau	Messer
la chambre	Zimmer	coûteux, se	teuer, kostspielig
faire la chambre	das Zimmer aufräumen	créer qc	etw. (er)schaffen; erfinden
la femme de chambre	Zimmermädchen	la crème	Sahne
le champignon de Paris	Zuchtchampignon	la crème caramel	Karamellcreme
la chance	Glück	la crème Chantilly	Schlagsahne (mit Vanillezucker)
changer	wechseln; ändern		
changer de train	umsteigen	la crème d'asperges	Spargelcremesuppe
charmant, e	charmant	la crêpe	Crêpe
le chasseur	Page	la crêpe Suzette	mit Grand Marnier flambierte Crêpe
chaud, e	warm; heiß		
le chauffage	Heizung	croire qn/qc	jmd./etw. glauben
chauffer	erhitzen; erwärmen; heizen	le croissant	Croissant
la chaussure	Schuh	les crudités, pl. f.	Rohkost
le chef de cuisine	Küchenchef	les crustacés, m. pl.	Schalentiere
le chef de partie	Partie-Chef	la cuisine	Küche
le chemin	Weg		
le chèque	Scheck	débarrasser	abräumen
cher, chère	lieb; teuer	déboucher	entkorken
chercher	suchen	décaféiné	koffeinfrei
le cheval	Pferd	le café décaféiné	koffeinfreier Kaffee
aller à cheval	reiten	décanter	dekantieren
le chèvre, m.	Ziegenkäse	découper	(zer)schneiden
le chien	Hund	dégraisser	entfetten
le chinois	Spitzsieb	déguster	kosten, probieren
le chocolat	Schokolade	déjà	schon
la mousse au chocolat	Schokoladenschaumcreme	le déjeuner	Mittagessen
le chocolat chaud	heißer Kakao	le petit déjeuner	Frühstück
choisir	(aus)wählen	au petit déjeuner	beim/zum Frühstück
le chou-fleur	Blumenkohl	délicieux, délicieuse	köstlich
le cigare	Zigarre	la demande	
la cigarette	Zigarette	de réservation	Reservierungsanfrage
le cinéma	Kino	la demande	Anfrage; Bitte; Nachfrage
le citron	Zitrone	demander	bitten; fragen; fordern; verlangen; bestellen
civet de lièvre, m.	Hasenpfeffer (Häsin = la hase!)		
clair, e	hell; klar	demander qc	etw. verlangen; um etw. bitten
la clé	Schlüssel		
le client	Gast, Kunde, Klient	demeurer	bleiben
le client de passage	Walk-in	la demi-heure	halbe Stunde
la cliente	weiblicher Gast, Kundin, Klientin	déranger	stören; in Unordnung bringen
le client habituel	Stammgast		
le clou	Nagel	descendre	hinuntergehen, (hin)absteigen
le coca	Cola		
la cocotte	Schmortopf	désirer	wünschen
le cognac	Kognak	le dessert	Nachtisch
le coin	Ecke	devoir	müssen; sollen; schulden
le, la collègue	Kollege, Kollegin	le devoir	Pflicht, Aufgabe
combien (de)	wieviel(e)	les devoirs, m.pl.	Hausaufgaben; Pflichten
la commande	Bestellung	le digestif	Digestif (oft hochprozentig; die Mahlzeit beschließendes Getränk)
commander	bestellen		
compétent, e (Adj.)	tüchtig		
complet, complète	voll(ständig); ausgebucht		
la compote	Kompott	dîner	zu Abend essen
le, la concierge	Pförtner, Pförtnerin	le dîner	Abendessen
confirmer	bestätigen	donner qc à qn	jmd. etw. geben; schenken
la confiture	Konfitüre		
confortable	bequem	l'eau, f.	Wasser
le congrès	Kongress	l'ébullition, f.	Kochen, Sieden
la connaissance	Kenntnis	porter à l'ébullition	zum Kochen bringen
le consommé	Kraftbrühe	écraser	hier: zerstoßen
content, e	zufrieden	égoutter	abgießen; abtropfen lassen
le coq	Hahn	élégant, e	elegant
le coq au vin	in Rot- oder Weißwein geschmortes Hähnchen	l'élève, m./f.	Schüler, Schülerin
		l'employé, m.	Angestellter
		l'employée, f.	Angestellte

encore	(immer) noch	le fruit	Stück Obst
enlever qc	etw. wegnehmen; entfernen	le jus de fruit(s)	Fruchtsaft
l'enfant, m./f.	Kind	fumer	rauchen; räuchern
l'entrée, f.	Vorspeise, Zwischengericht; Eingang; Eintritt	la gare	Bahnhof
les entrées chaudes, f. pl.	warme Vorspeisen	garer	parken
les entrées froides, f. pl.	kalte Vorspeisen	les garnitures, f.pl.	Beilagen
l'entreprise, f.	Unternehmen, Firma	le gâteau	Kuchen
entrer dans	hineingehen, betreten	gentil, le	nett, freundlich
envoyer	schicken	le gibier	Wild
éplucher	schälen	le girofle,	
l'équipe, f.	Gruppe; Mannschaft	le clou de girofle	Gewürznelke
l'équipement, m.	Ausstattung	la glace	Eis
l'escalier, m.	Treppe	le goût	Geschmack
l'escalope de veau, f.	Kalbsschnitzel	goûter	probieren, kosten
l'épinard, m.	Spinat	le goûter	kleiner, improvisierter Nachmittagsimbiss
les raviolis aux épinards, m.pl.	mit Spinat gefüllte Raviolis	la gouvernante	Hausdame
et	und	grand, e	groß
l'état de santé, m.	Gesundheitszustand	gras, grasse	fett
étranger, étrangère	ausländisch; fremd	gratiner	überbacken, gratinieren
être à	gehören	gratuit, e	gratis, kostenlos
être de service	im Dienst sein, Dienst haben	le grill	Grill
être pressé, e	es eilig haben	le groom	Page, Hoteldiener
être responsable de qc/de qn	für etw./jmd. verantwortlich sein	gros, grosse	dick
		le groupe	Gruppe
		le gruyère	Schweizer Käse
l'étudiant, m.	Student	l'habitant, e, m./f.	Be-, Einwohner(in)
l'étudiante, f.	Studentin	habiter	(be)wohnen
excellent, e	ausgezeichnet	habituel, le	üblich; gewöhnlich
l'excursion, f.	Ausflug	le client habituel	Stammgast
excusez-moi	entschuldigen Sie	hacher	(zer)hacken
l'exercice, m.	Übung	le hall	Foyer, Halle
exiger	fordern, verlangen	le, la handicapé, -e	Behinderter, Behinderte
expliquer	erklären	les haricots verts, m. pl.	grüne Bohnen
extraordinaire	außergewöhnlich	l'herbe, f.	Gras; Kraut
		les herbes aromatiques, f. pl.	(Ge)würzkräuter
fabriquer	herstellen	l'heure, f.	Stunde; Zeit
la facture	Rechnung	heureux, se	glücklich
la faim	Hunger	hier	gestern
faire	machen, tun	le hors-d'œuvre	Vorspeise
faire du sport	Sport treiben	les hors-d'œuvre variés, m. pl.	gemischte Vorspeisen
faire la chambre	das Zimmer aufräumen	l'hôtel, m.	Hotel
faire la valise	den Koffer packen	le maître d'hôtel	Oberkellner
falloir (unpers. Verb)	müssen, sollen	l'huître, f.	Auster
fameux, fameuse	berühmt	12 (douze) huîtres, f. pl.	12 Austern
familial, e	familiär		
il faut (+ Infinitiv)	man muss, soll	l'idée, f.	Idee, Vorstellung
faux, fausse	falsch	l'identité, f.	Übereinstimmung; Identität
la femme	Frau	la carte d'identité	Personalausweis
la femme de chambre	Zimmermädchen	il s'agit de	es handelt sich um
la fenêtre	Fenster	il y a	es gibt; da sind
fermer	schließen	impeccable	makellos
le feu	Feuer	important, e	wichtig, bedeutend
à feu maximum	auf größte(r) Hitze	indiquer	angeben; anzeigen
la feuille	Blatt	informer qn	jmd. informieren
la fiche (de papier)	Blatt (Papier)	infuser	ziehen lassen
la fiche de voyageur	Meldezettel	l'instruction, f.	Anweisung
finement (Adv.)	fein	intéressant, e	interessant
finir	beenden; aufessen	inviter	einladen
flamber	flambieren		
la fleur	Blume; Blüte	le jambon	Schinken
fonctionnel, le	zweckmäßig	le jardin	Garten
fonctionner	funktionieren	joli, e	hübsch
fouetter	peitschen; hier: schlagen	le jour	Tag
le foyer	Foyer, Vorraum, Halle	le plat du jour	Tagesgericht
frais, fraîche	frisch; kühl	le potage du jour	Tagessuppe
la fraise	Erdbeere	le journal	Zeitung
froid, e	kalt		
le fromage	Käse		

les journaux, m. pl.	Zeitungen	monter la temperature	die Temperatur erhöhen
le jus	Saft	montrer	zeigen
le jus de fruit (s)	Fruchtsaft	montrer qc à qn	jmd. etw. zeigen
le jus d'orange(s)	Orangensaft	le monument	Monument, (Kultur)denkmal
		le morceau	Stück
le Kir	Kir	le mouchoir	Taschentuch
	(z. B. Bourgogne Aligoté, ein leichter Weißwein, gemischt mit Crème de Cassis)	le mouchoir en papier	Papiertaschentuch
		la moule	Muschel
		la mousse au chocolat	Schokoladenschaumcreme
		mousseux	schäumend
le Kir Royal	Kir Royal	le vin mousseux	Schaumwein, Sekt
	(Champagner mit Crème de Cassis)	mûr, e	reif
		le musée	Museum
laisser	(zu)lassen	la nappe	Tischtuch
le lait	Milch	nettoyer	reinigen
la langue	Sprache; Zunge	neuf, neuve	(fabrik)neu
la langue étrangère	Fremdsprache	la noix	Nuss
laver	waschen	la note	Rechnung; Notiz
léger, légère	leicht	noter	notieren
les légumes, m. pl	Gemüse	nouveau, nouvel, nouvelle	neu
la limonade	Limonade	la nuit	Nacht
le lit	Bett	le numéro	Nummer
le lit supplémentaire	Zusatzbett	le numéro de téléphone	Telefonnummer
le litre	Liter		
le livre	Buch	l'œuf, m.	Ei
le lièvre	Hase	l'œuf à la coque, m.	gekochtes Ei
civet le lièvre, m.	Hasenpfeffer	l'œuf mollet, m.	weichgekochtes Ei
râble de lièvre, m.	Hasenrücken	les œufs brouillés, m. pl.	Rührei
loger	wohnen; unterbringen	l'oignon, m.	Zwiebel
long, longue	lang	l'omelette, f.	Omelett
longtemps	lange	l'orange, f.	Apfelsine, Orange
lourd, e	schwer	l'orange (f.) pressée	frisch gepresster Orangensaft
les lunettes, f. pl.	Brille	le jus d'orange(s)	Orangensaft
le luxe	Luxus	où	wo; wohin
le magasin de luxe	Luxuswarengeschäft	oublier	vergessen
luxueux, se	luxuriös	ouvrir	öffnen
macérer	einlegen, mazerieren	le pain	Brot
le magasin de luxe	Luxuswarengeschäft	le pain bis	Misch-, Graubrot
magnifique	großartig	le pain de seigle	Roggenbrot
la main	Hand	le petit pain	Brötchen
la maison	Haus	le paquet	Päckchen, Paket; Schachtel
à la maison	zu Hause	le papier	Papier
le maître	Meister	le mouchoir en papier	Papiertaschentuch
le maître d'hôtel	Oberkellner	parler	sprechen
manger	essen	le participant	Teilnehmer
le marc	Trester (eine Art Branntwein)	participer à	teilnehmen, teilhaben an
le marché	Markt(platz)	partir	abreisen; weggehen
au marché	auf dem (Wochen)markt	partout	überall
marcher	(schnell) gehen	passer	(vorbei)gehen; verbringen; reichen; passieren (= durchseihen)
mauvais, e	schlecht, schlimm		
le mécanicien	Mechaniker		
médiocre	mittelmäßig	le pavé de charolais	dicke Steak-Schnitte vom Charolais-Rind
mélanger	(ver)mischen		
la menthe	Pfefferminze	payer	(be)zahlen
le menu	Menü; Speisekarte; Speisenfolge; Gericht	la pêche Melba	Pfirsich Melba (weiße Pfirsiche auf Vanilleeis mit gezuckertem Himbeerpüree)
la mer	Meer		
le plateau de fruits de mer	Meeresfrüchteplatte	penser à qn/qc	an jmd./etw. denken
merci	danke	le persil	Petersilie
merci beaucoup	vielen Dank	la personne	Person
mettre	setzen; stellen; legen	le personnel	Personal, Belegschaft
mettre la table	den Tisch decken	petit, e	klein
le mixer	Mixer	(un) peu	(ein) wenig
moderne	modern	peut-être	vielleicht
moins... que/de	weniger... als	la photo	Photo
le monde	Welt	le pied	Fuß
monter	hinaufbringen; hinaufgehen	aller à pied	zu Fuß gehen
monter qc	etw. hinaufbringen	piquer	hier: (ein)stechen

la place	Platz	refuser	verweigern; zurückweisen
le/la pamplemousse	Pampelmuse	regarder	(an)sehen, betrachten
le plan de ville	Stadtplan	régler	regeln, regulieren
le plat	Gericht; Teller; Speise	la région	Gegend
le plat de résistance	Hauptgericht	regretter qc	hier: etw. bedauern
le plat du jour	Tagesgericht	remplir	(aus)füllen
le plateau	Platte	rencontrer qn	jmd. treffen
le plateau de fruits de mer	Meeresfrüchteplatte	renseigner qn	jmd. informieren
plus ... que/de	mehr... als	rentrer	zurückkommen, nach Hause kommen
les poissons, m. pl.	Fischgerichte; Fische		
le poisson	Fisch	réparer	reparieren
poivrer	pfeffern	repasser	hier: bügeln
la pomme	Apfel	la réputation	Reputation, Ruf
la pomme de terre	Kartoffel (wörtl.: Erdapfel)	réserver	reservieren
les pommes frites, f. pl.	Pommes frites	la réservation	Reservierung
la tarte aux pommes	Apfeltorte	la demande de réservation	Reservierungsanfrage
ponctuel, le	pünktlich		
la porte	Tür	réserver qc à qn	etw. für jmd. reservieren
le porte-monnaie	Portemonnaie	respectueux, se	respektvoll
porter	tragen	responsable	verantwortlich
porter à l'ébullition	zum Kochen bringen	être responsable de qc/qn	für etw./jmd. verantwortlich sein
postal, e	postalisch		
la carte postale	Postkarte	le restaurant	Restaurant
le potage du jour	Tagessuppe	rester	(übrig) bleiben
le poste	Posten	retirer	herausnehmen, wegnehmen
le potage	Potage (Suppe, meistens gebunden und mit Fleisch-, Fisch- oder Gemüseeinlage)	réveiller qn	jmd. wecken
		revenir	zurückkommen
		au revoir	auf Wiedersehen
		riche	reich
le pourboire	Trinkgeld	la robe	Kleid
pourpre	purpurfarben	la robe de soirée	Abendkleid
pourquoi	warum	rond, e (Adj.)	rund
pouvoir	können	la rose	Rose
préférer	bevorzugen, vorziehen	la rue	Straße
prêt, e	bereit, fertig	le râble de lièvre	Hasenrücken
le prix	Preis		
le premier, la première	der, die, das erste	le sac	Tasche; Beutel, Sack
prendre	nehmen	s'adresser à qn	sich an jmd. wenden
préparer	vorbereiten; zubereiten	s'agir de	sich handeln um
près de	bei, in der Nähe	la salade	Salat
présenter qn/qc	jmd./etw. vorstellen, zeigen	la salade niçoise	Nizza-Salat (Kartoffeln, grüne Bohnen, Tomaten, Sardellenfilets, schwarze Oliven und Kapern in Essig-Öl-Marinade)
pressé, e	eilig; dringend; ausgepresst		
être pressé, e	es eilig haben		
l'orange (f.) pressée	(frisch) gepresster Orangensaft		
prier qn de faire qc	jmd. bitten, etw. zu tun		
le problème	Problem		
le produit	Produkt, Erzeugnis	sale	schmutzig
le professeur	Lehrer	la salle	Halle
la promenade	Spaziergang	la salle de bain(s)	Badezimmer
promener qn	jmd. spazieren führen	le sanglier	Wildschwein
proposer qc	etw. vorschlagen, empfehlen	sans	ohne
propre	sauber, rein	s'amuser	sich amüsieren
le prospectus	Prospekt	s'appeler	heißen
la purée	Püree, Brei, Mus	s'asseoir	sich setzen
		le saumon	Lachs
quand	wann	le sautoir	Schmortopf
que	wen, was	savoureux, se (Adj.)	schmackhaft
quel, quelle	welcher, welche, welches	se contenter de qc	sich mit etw. begnügen
qui	wer, wen	se fatiguer	sich (über)anstrengen; ermüden
la quiche lorraine	Lothringer Specktorte		
quitter	verlassen	sec, sèche (Adj.)	trocken
		la secrétaire	Sekretärin
ranger	aufräumen	le seigle	Roggen
raviolis aux épinards, m.	mit Spinat gefüllte Ravioli	le pain de seigle	Roggenbrot
la réception	Empfang	le sel	Salz
réchauffer	wieder erhitzen, aufwärmen	se présenter à qn	sich jmd. vorstellen
la réclamation	Beschwerde; Reklamation; Beanstandung	se référer à	sich beziehen auf
		se rencontrer	sich treffen
recommander qc à qn	jmd. etw. empfehlen	le service	Bedienung; Dienstleistung
recruter	(an)werben	être de service	im Dienst sein, Dienst haben
la réduction	(Preis)nachlass		

la serviette	Serviette; Handtuch	la terrine du chef/	
la serviette de bain	Badelaken	la terrine maison	Pastete nach Art des Hauses
se servir	sich bedienen		
se trouver	sich befinden	le thé	Tee
seul, e (Adj.)	allein	le théâtre	Theater
signer	unterschreiben	le timbre	Briefmarke
le sherry	Sherry	la tisane, l' infusion, f.	"Gesundheitstee"
s'il te plaît	bitte (=wenn es dir gefällt)	le toast	Toast
s'il vous plaît	bitte (=wenn es Ihnen gefällt)	tomber par terre	zu Boden fallen, hinunterfallen
simple	einfach		
s'installer	sich niederlassen, Platz nehmen	toujours	immer (noch); noch (immer)
		la tour Eiffel	Eiffelturm
s'occuper de qn/de qc	sich mit jmd./etw. beschäftigen	le tourisme	Tourismus
le soir	Abend	la touriste, le touriste	Touristin, Tourist
la robe de soirée	Abendkleid	tous les soirs	jeden Abend
le sommelier	Weinkellner	tout de suite	sofort
le sorbet	halbgefrorenes Eis	tout, e	alles; ganz
sortir	herausnehmen; weggehen; ausgehen	tout de suite	sofort
		traditionnel, le (Adj.)	traditionell
la soupe	Suppe (bäuerliche Variante des „potage", meistens mit Brot gereicht)	le train	Zug
		la tranche	Scheibe, Schnitte
		travailler	arbeiten
		le travail	Arbeit
le souper	kleine, oft elegante Mahlzeit	traverser	überqueren
le souvenir	Souvenir; Erinnerung	trop (de)	zu viel, e
souvent	oft, häufig	trouver	finden
spacieux, se (Adj.)	geräumig	la truffe	Trüffel
spécial, e	besonders	la truite meunière	Forelle "Müllerin"
la spécialité	Spezialität	le turbot	Steinbutt
le spectacle	Schauspiel		
le sport	Sport	utiliser	gebrauchen, benutzen
faire du sport	Sport treiben		
le sucre	Zucker	les vacances, f. pl.	Ferien, Urlaub
sucrer	zuckern	la valise	Koffer
suivant	je nach, gemäß; folgend	faire la valise	den Koffer packen
suivre qn	jmd. folgen	vaste	geräumig; weit
superbe	großartig	venir (de)	kommen (aus, von)
le supermarché	Supermarkt	le vermouth, p. ex. Noilly Prat	Wermut(wein)
au supermarché	im, zum Supermarkt		
le supplément	Auf-, Nach-, Zuschlag	le verre	Glas
supplémentaire	zusätzlich	verser	(ein)gießen, einschenken
le lit supplémentaire	Zusatzbett	la viande	Fleisch
surprendre qn	jmd. überraschen	les viandes, f. pl.	Fleischgerichte
le steak	Steak	vider	leeren; ausnehmen
le stylo (à bille)	Füllhalter, Kugelschreiber	vieux, vieil, vieille	alt
sympathique	sympathisch	la ville	Stadt
		le vin	Wein
la table	Tisch	le vinaigre	Essig
le tamis	Sieb	la vinaigrette	Vinaigrette, Essig-Kräuter-Soße
tard (Adj.)	spät		
le tarif	Preis(liste); Preis(angabe)	le vin mousseux	Schaumwein, Sekt
la tarte aux pommes	Apfeltorte	visiter	besuchen; besichtigen
la tasse	Tasse	vite (Adv.)	schnell
le taxi	Taxi	voir	sehen
la télécopie		la voiture	Auto
le (télé)fax,	(Tele)Fax	aller en voiture	(mit dem) Auto fahren
le téléphone	Telefon	les volailles, f. pl.	Geflügel
le numéro de téléphone	Telefonnummer	à volonté	nach Belieben
		vouloir	wollen
téléphoner à qn	jmd. anrufen	le voyage	Reise
la télévision	Fernsehen	le voyageur	Reisender, Fahrgast
la température	Temperatur	la fiche de voyageur	Meldezettel
monter la température	die Temperatur erhöhen		
tenir	halten	le xérès	Sherry
terminer	beenden		
(à) temps	rechtzeitig, pünktlich	le yaourt, yog(h)ourt	Joghurt

Vokabeln
Deutsch - Französisch

Abend	le soir	Bank (Geldinstitut)	la banque
guten Abend	bonsoir	Bar, Kneipe; Kaffee	le café
jeden Abend	tous les soirs	Bauch, jmd. hat/bekommt einen	qn prend de la brioche
Abendessen	le dîner	Be-, Einwohner(in)	l'habitant, e, m./f.
(zu) Abend essen	dîner	(etw.) bedauern	regretter (qc)
Abendkleid	la robe de soirée	bedeutend, wichtig	important, e
abgießen; abtropfen lassen	égoutter	bedienen, servieren	servir
abräumen	débarasser	(sich) bedienen	(se) servir
abreisen; weggehen	partir	Bedienung; Dienstleistung	le service
Adresse	l'adresse, f.	beenden	finir; terminer
akzeptieren	accepter	sich befinden	se trouver
allein	seul, e (Adj.)	begleiten	accompagner
alles; ganz	tout, e	sich mit etw. begnügen	se contenter de qc
alt	vieux, vieil, vieille; ancien, ne	behalten	garder
		Behinderter, Behinderte	le, la handicapé, -e
(sich) amüsieren	(s')amuser	beigeben, hinzufügen	ajouter
der, die, das andere	l'autre, m./f.	bei; in der Nähe	près de
ändern; wechseln	changer	Beilagen	les garnitures, f.
angeben; anzeigen	indiquer	Belegschaft, Personal	le personnel
Angelegenheit, Geschäft, Sache	l'affaire, f.	nach Belieben	à volonté
angenehm	agréable	(jmd.) benachrichtigen, warnen	avertir (qn)
Angestellte	l'employée, f.	benutzen, gebrauchen	utiliser
Angestellter	l'employé, m.	bequem	confortable
anhimmeln, anbeten, schwärmen für	adorer	bereit; fertig	prêt, e
		berühmt	fameux, fameuse
ankleben	afficher	(sich mit jmd./etw.) beschäftigen	(s')occuper (de qn/de qc)
ankommen	arriver	Beschwerde; Reklamation; Beanstandung	la réclamation
annullieren	annuler		
(jmd.) anrufen	téléphoner (à qn)	bestätigen	confirmer
Anweisung	l'instruction, f.	bestellen	commander; demander
Aperitif (appetitanregendes Getränk)	l'apéritif, m.	Bestellung	la commande
		besuchen; besichtigen	visiter
Apfel	la pomme	betrachten	regarder
Apfelsine, Orange	l'orange, f.	beträufeln; benetzen; begießen	arroser
Apfeltorte	la tarte aux pommes	betreten, hineingehen	entrer dans
Arbeit	le travail	Bett	le lit
arbeiten	travailler	Beutel, Sack; Tasche	le sac
Aubergine	l'aubergine, f.	bevorzugen, vorziehen	préférer
auch	aussi	bezaubernd	ravissant, e
aufessen; beenden	finir	sich beziehen auf	se référer à
Aufgabe	le devoir	bitte (=wenn es dir gefällt)	s'il te plaît
aufräumen	ranger	bitte (=wenn es Ihnen gefällt)	s'il vous plaît
Auf-, Nach-, Zuschlag	le supplément	bitten; fragen; fordern; verlangen; bestellen	demander
aufwärmen; wieder erhitzen	réchauffer		
Aufzug, Fahrstuhl, Lift	l'ascenseur, m.	(um etw.) bitten; (etw.) verlangen	demander (qc)
(ein) Auge auf etw. haben	avoir l'œil à qc	(jmd.) bitten (etw. zu tun)	prier (qn de faire qc)
Ausflug	l'excursion, f.	Blatt	la feuille
ausgebucht; vollständig	complet, complète	Blatt (Papier)	la fiche (de papier)
ausgehen; weggehen	sortir	bleiben	demeurer
ausgezeichnet	excellent, e	bleiben (übrig bleiben)	rester
ausnehmen; leeren	vider	Blume; Blüte	la fleur
außergewöhnlich	extraordinaire	Blumenkohl	le chou-fleur
Ausstattung	l'équipement, m.	Boden	la terre
Auster	l'huître, f.	zu Boden fallen, hinunterfallen	tomber par terre
Auszubildender	l'apprenti, m.	Bœuf Bourguignon (in Burgunder Rotwein geschmortes Rindfleisch mit Gemüse)	le boeuf bourguignon
Auto	la voiture		
Auto fahren	aller en voiture		
Bad	le bain	Bohnen, grüne	les haricots verts, m. pl.
Badelaken	la serviette de bain	Bordwand, Schale	la coque
Badezimmer	la salle de bain(s)	brennen, verbrennen	brûler
Baguette	la baguette	Brei, Mus, Püree	la purée
Bahnhof	la gare	Brie	le brie
Balkon	le balcon	Briefmarke	le timbre
Banane	la banane	Brille	les lunettes, f. pl.

bringen	apporter	Erinnerung, Souvenir	le souvenir
Brioche (Apostelkuchen, Prophetenkuchen)	la brioche	erklären	expliquer
		ermüden	se fatiguer
		(etw.) erschaffen; erfinden	créer (qc)
Broschüre	la brochure	(der, die, das) erste	le premier, la première
Brot	le pain	(jmd.) erwarten	attendre (qn)
Brötchen	le petit pain	Erzeugnis, Produkt	le produit
Buch	le livre	es eilig haben	être pressé, e
Büfett	le buffet	es gibt; da sind	il y a
bügeln	repasser	es handelt sich um	il s'agit de
Butter	le beurre	Espresso	le café express
buttern, mit Butter bestreichen	beurrer	essen	manger
		Essig	le vinaigre
Calvados (sehr aromatischer Apfelbranntwein)	le calvados	fabrikneu	neuf, neuve
		fahren, gehen	aller
Cerealien (Getreideflocken)	les céréales, f., pl.	Fahrkarte	le billet
charmant	charmant, e	Fahrstuhl, Aufzug, Lift	l'ascenseur, m.
Cola	le coca	zu Boden fallen, hinunterfallen	tomber par terre
Creme, Rahm, Sahne	la crème	falsch	faux, fausse
Crêpe	la crêpe	familiär	familial, e
Crêpe Suzette (mit Grand Marnier flambierte Crêpe)	la crêpe Suzette	Fax	le (télé)fax, la télécopie
		fein	finement (Adv.)
		Fenster	la fenêtre
Croissant	le croissant	Ferien, Urlaub	les vacances, f. pl.
		Fernsehen	la télévision
danke	merci	fertig, bereit	prêt, e
vielen Dank	merci beaucoup	fett	gras, grasse
das, dies(es)	cela, ça	Feuer	le feu
da sind	il y a	finden	trouver
dekantieren	décanter	Firma, Unternehmen	l'entreprise, f.
denken, an jmd./etw.	penser à qn/qc	Fisch	le poisson
Denkmal	le monument	Fischgerichte	poissons, m. pl.
dick	gros, grosse	Fischsuppe, provenzalische	la bouillabaisse
Dienst haben, im Dienst sein	être de service	flambieren	flamber
Dienstleistung; Bedienung	le service	Flasche	la bouteille
Digestif (oft hochprozentig; die Mahlzeit beschließendes Getränk)	le digestif	Fleisch	la viande
		Fleischgerichte	viandes, f. pl.
		fliegen	aller en avion
		Flughafen	l'aéroport, m.
Dom, Kathedrale, Münster	la cathédrale	Flugzeug	l'avion, m.
		(jmd.) folgen	suivre (qn)
ebenso ...wie	aussi ...que	folgend; je nach, gemäß	suivant
Ecke	le coin	fordern, verlangen	exiger
ehemalig; alt	ancien, ne	Forelle "Müllerin"	la truite meunière
Ei	l'œuf, m.	Foyer, Halle	le hall; le foyer
Ei, gekochtes	l'œuf à la coque, m.	fragen; fordern; bitten; bestellen;verlangen	demander
Ei, weich gekochtes	l'œuf mollet, m.		
Eiffelturm	la tour Eiffel	Frau	la femme
Ein-, Bewohner(in)	l'habitant, e, m./f.	Fremdsprache	la langue étrangère
einfach	simple	Freund	l'ami, m.
Eingang; Eintritt; Vorspeise	l'entrée, f.	Freundin	l'amie, f.
einladen	inviter	freundlich, nett	gentil, le
einlegen, mazerieren	macérer	frisch, kühl	frais, fraîche
einschenken	verser	Frucht, Obst	le fruit
einstechen	piquer	Fruchtsaft	le jus de fruit (s)
Eintrittskarte, Fahrkarte	le billet	Frühstück	le petit déjeuner
Eis	la glace	(beim/zum) Frühstück	(au) petit dejeuner
Eisbecher nach Art des Hauses	la coupe maison	füllen, ausfüllen	remplir
Eis, halbgefrorenes	le sorbet	Füllhalter	le stylo
elegant	élégant, e	funktionieren	fonctionner
Empfang	la réception	zu Fuß gehen	aller à pied
empfehlen, vorschlagen	proposer		
(jmd. etw.) empfehlen	recommander (qc à qn)	ganz	tout, e
(etw.) empfehlen; vorschlagen	proposer (qc)	Garten	le jardin
Ente mit Orangensoße	le canard à l'orange	Gast; Kunde; Klient	le client
(etw.) entfernen; wegnehmen	enlever (qc)	Gast, weiblicher; Kundin; Klientin	la cliente
entfetten	dégraisser	(jmd. etw.) geben; schenken	donner (qc à qn)
entkorken	déboucher	gebrauchen, benutzen	utiliser
entschuldigen Sie	excusez-moi	Geflügel	volailles, f. pl.
Erdbeere	la fraise	Gegend	la région
erhitzen; erwärmen; heizen	chauffer		

gehen, zu Fuß	aller à pied	hinaufbringen; hinaufgehen, hinaufsteigen	monter
gehen (schnell gehen)	marcher	(etw.) hinaufbringen	monter (qc)
gehen (vorbei gehen)	passer	(etw.) hinbringen	apporter (qc)
gehen; fahren	aller	hineingehen, betreten	entrer dans
gehören	être à	hinunterfallen, zu Boden fallen	tomber par terre
Geld; Silber	l'argent, m.	hinuntergehen, (hin)absteigen	descendre
gemäß, je nach; folgend	suivant	hinzufügen; beigeben	ajouter
Gemüse	les légumes, m.	Hitze, auf größte(r)	à feu maximum
genug; ziemlich	assez	Hotel	l'hôtel, m.
Gepäck	les bagages, m. pl.	Hoteldiener, Page	le groom; le chasseur
Gepäck(stück)	le bagage (meistens pl. les bagages)	Hotelrechnung	la note
geräumig	spacieux, e; vaste	hübsch	joli, e
Gericht; Teller; Speise	le plat	Hund	le chien
Geschäft	la boutique; l'affaire, f.	Hunger	la faim
Geschmack	le goût		
gestern	hier	Idee, Vorstellung	l'idée, f.
Gesundheitszustand	l'état de santé, m.	immer (noch); noch (immer)	toujours
gewinnen, verdienen	gagner	(jmd.) informieren	informer (qn); renseigner (qn)
Gewürzkräuter	les herbes aromatiques, f. pl.	interessant	intéressant, e
Gewürznelke	le girofle, le clou de girofle	je nach, gemäß; folgend	suivant
es gibt; da sind	il y a	jeden Abend	tous les soirs
gießen, eingießen	verser	Joghurt	le yaourt, yog(h)ourt
Glas	le verre	Johannisbeere, schwarze	le cassis
(jmd./etw.) glauben	croire (qn/qc)		
Glück	la chance	Kaffee (mit viel Milch)	le café (crème)
glücklich	heureux, se	Kneipe, Bar	le café
Gras; Kraut	l'herbe, f.	Kakao, heißer	le chocolat chaud
gratinieren, überbacken	gratiner	Kalbsschnitzel	escalope de veau, f.
gratis, kostenlos	gratuit, e	kalt	froid, e
Graubrot	le pain bis	Kamille	la camomille
Grill	le grill	Kantine	la cantine
groß	grand, e	Karaffe	la carafe
großartig	magnifique; superbe	Karamellcreme	la crème caramel
grüne Bohnen	haricots verts, m. pl.	Kartoffel (wörtl.: Erdapfel)	la pomme de terre
Gruppe, Mannschaft	le groupe; l'équipe, f.	Käse	le fromage
gut	bien (Adv.); bon, bonne (Adj.)	Katalog	le catalogue
		Kathedrale, Dom, Münster	la cathédrale
gute Nacht	bonne nuit	kaufen	acheter
guten Abend	bonsoir	Keller, Weinkeller	la cave
guten Morgen, guten Tag	bonjour	Kenntnis	la connaissance
		Kind	l'enfant, m./f.
hacken, zerhacken	hacher	Kino	le cinéma
Hahn	le coq	Kir	le Kir
Halle	le hall; le foyer	(z. B. Bourgogne Aligoté, ein leichter Weißwein, gemischt mit Crème de Cassis)	
Halt; Haltestelle	l'arrêt, m.		
halten	tenir		
Hand	la main	Kir Royal	le Kir Royal
sich handeln um	s'agir de	(Champagner, gemischt mit Crème de Cassis)	
es handelt sich um	il s'agit de		
Handtuch, Serviette	la serviette	klar; hell	clair, e
Hasenpfeffer	le civet de lièvre	klein	petit, e
Hasenrücken	le râble de lièvre	Knoblauch	l'ail, m.
häufig	souvent	Kochen, Sieden	l'ébullition, f.
Hauptgericht	le plat de résistance	zum Kochen bringen	porter à l'ébullition
Haus	la maison	Kaffee, koffeinfreier	le café décaféiné
zuhause	à la maison	Koffer	la valise
nach Hause kommen, zurückkommen	rentrer	den Koffer packen	faire la valise
		Kognak	le cognac
Hausaufgaben; Pflichten	les devoirs, m. pl.	Kollege, Kollegin	le, la collègue
Hausdame	la gouvernante	kommen (aus, von)	venir (de)
heiß; warm	chaud, e	kommen (nach Hause), zurückkommen	rentrer
heißen	s'appeler		
heizen; erhitzen; erwärmen	chauffer	Kompott	la compote
Heizung	le chauffage	Konfitüre	la confiture
hell; klar	clair, e	Kongress	le congrès
herausnehmen, wegnehmen	retirer	Königinpastete	la bouchée à la reine
weggehen; ausgehen	sortir	können	pouvoir
herstellen	fabriquer	Korb (henkellos)	la corbeille

kostenlos, gratis	gratuit, e	Nachmittagsimbiss	le gôuter
kosten, probieren	déguster; goûter	(kleiner, improvisierter)	
köstlich	délicieux, délicieuse	Nacht	la nuit
kostspielig, teuer	coûteux, se	gute Nacht	bonne nuit
Kraftbrühe	le consommé	Nachtisch	le dessert
Kraut; Gras	l'herbe, f.	Nagel	le clou
Kräutertee ("Gesundheitstee")	la tisane, l'infusion, f.	Nähe, in der	prés de
Kreditkarte	la carte de crédit	nehmen	prendre
Küche	la cuisine	nett, freundlich	gentil, le
Kuchen	le gâteau	neu	nouveau, nouvel, nouvelle
Küchenchef	le chef de cuisine		
Kugelschreiber	le stylo à bille	sich niederlassen; Platz nehmen	s'installer
kühl; frisch	frais, fraîche	Nizza-Salat	la salade niçoise
Kunde, Klient, Gast	le client	noch (immer)	toujours
Kundin, Klientin, weiblicher Gast	la cliente	noch (immer noch)	encore
		notieren	noter
Lachs	le saumon	Notiz	la note
lang	long, longue	Nuss	la noix
lange	longtemps		
lassen, zulassen	laisser	Oberkellner	le maître d'hôtel
leeren; ausnehmen	vider	Obst, Frucht	le fruit
legen; stellen; setzen	mettre	öffnen	ouvrir
Lehrer	le professeur	oft, häufig	souvent
leicht	léger, légère	ohne	sans
lieb; teuer	cher, chère	Omelett	l'omelette, f.
lieben, mögen	aimer	Orange	l'orange, f.
liebenswürdig	aimable	Orangensaft, frisch gepresster	l'orange (f.) pressée
Lift, Aufzug, Fahrstuhl	l'ascenseur, m.	Orangensaft	le jus d'orange(s)
Limonade	la limonade		
Liter	le litre	Päckchen, Paket; Schachtel	le paquet
Lokal, Restaurant	la brasserie, le restaurant	Page, Hoteldiener	le groom; le chasseur
		Pampelmuse	le/la plamplemousse
Lothringer Specktorte	la quiche lorraine	Papiertaschentuch	le mouchoir en papier
luxuriös	luxueux, se	parken	garer
Luxuswarengeschäft	le magasin de luxe	Partie-Chef	le chef de partie
		passieren (durchseihen)	passer
machen, tun; veranlassen	faire	Pastete nach Art des Hauses	la terrine du chef/ la terrine maison
makellos	impeccable		
man muss, soll	il faut (+ Infinitiv)	peitschen; schlagen	fouetter
Mannschaft	l'equipe, f.; la brigade	Person	la personne
Marc	le marc	Personal, Belegschaft	le personnel
(Trester, eine Art Branntwein)		Personalausweis	la carte d'identité
Markt(platz)	le marché	Petersilie	le persil
Mechaniker	le mécanicien	Pfefferminze	la menthe
Meer	la mer	pfeffern	poivrer
Meeresfrüchteplatte	le plateau de fruits de mer	Pfirsich Melba	la pêche Melba, f.
		(weiße Pfirsiche auf Vanilleeis mit gezuckertem Himbeerpüree)	
mehr... als	plus ... que/de		
Meister	le maître	Pflicht; Aufgabe	le devoir
Meldezettel	la fiche de voyageur	Pflichten; Hausaufgaben	les devoirs, m. pl.
Menü; Speisekarte; Speisenfolge	le menu	Pförtner, Pförtnerin	le, la concièrge
Messer	le couteau	Photo	la photo
Milch	le lait	Platte	le plateau
mischen, vermischen	mélanger	Platz	la place
Misch-, Graubrot	le pain bis	Platz nehmen	s'installer
Mittagessen	le déjeuner	Pommes frites	les pommes frites, f. pl.
mittelmäßig	médiocre	Portemonnaie	le porte-monnaie
Mixer	le mixer	Posten	le poste
modern	moderne	Postkarte	la carte postale
mögen, lieben	aimer	Preis	le prix
Monument, Denkmal	le monument	Preis(liste); Preis(angabe)	le tarif
guten Morgen	bonjour	Preisnachlass	la reduction
Münster, Dom, Kathedrale	la cathédrale	preiswert, -günstig	(à) bon marché
Mus, Brei, Püree	la purée	probieren, kosten	goûter, déguster
Muschel	la moule	Problem	le problème
Museum	le musée	Produkt, Erzeugnis	le produit
müssen, sollen	falloir (unpers. Verb); devoir	Prospekt	le prospectus
		pünktlich	ponctuel, le; à temps
Nach-, Auf-, Zuschlag	le supplément	Püree, Brei, Mus	la purée
nach Belieben	à volonté	purpurfarben	pourpre
Nachmittag	l'après-midi, m./f.		

Rad fahren	aller à bicyclette	schwärmen für, anhimmeln, anbeten	adorer
Rahm, Creme, Sahne	la crème	Schweizer Käse	le gruyère
rauchen; räuchern	fumer	schwer	lourd, e
Ravioli, mit Spinat gefüllt	raviolis aux épinards, m. pl.	sehen	regarder; voir
Rechnung	la facture; l'addition, f.; la note	sehr; viel	beaucoup
		Sekretärin	la secrétaire
rechtzeitig, pünktlich	à temps	servieren, (be)dienen	servir
regeln; regulieren	régler	Serviette; Handtuch	la serviette
reich	riche	(sich) setzen	s'asseoir
reif	mûr, e	setzen; stellen; legen	mettre
rein, sauber	propre	Sherry	le sherry
reinigen	nettoyer	Sieb	le tamis
Reise	le voyage	Silber; Geld	l'argent, m.
reiten	aller à cheval	(da) sind; es gibt	il y a
Reklamation; Beschwerde; Beanstandung	la réclamation	sofort	tout de suite
		(man) soll, muss	il faut (+ Infinitiv)
reparieren	réparer	sollen, müssen	falloir (unpers. Verb), devoir
Reputation, Ruf	la réputation		
reservieren	réserver	Souper (kleine, oft elegante Mahlzeit)	le souper
(etw. für jmd.) reservieren	réserver (qc à qn)		
Reservierung	la réservation	Souvenir; Erinnerung	le souvenir
Reservierungsanfrage	la demande de réservation	Spargelcremesuppe	la crème d'asperges
		spät	tard
respektvoll	respectueux, se	(jmd.) spazieren führen	promener (qn)
Restaurant, Lokal	la brasserie, le restaurant	Spaziergang	la promenade
		Speise	le plat
Roggenbrot	le pain de seigle	Speisekarte; Speisenfolge; Menü	le menu
Rohkostplatte	l'assiette de crudités, f.	Spezialität	la spécialité
rosa	rose	Spitzsieb	le chinois
Rose	la rose	Sport treiben	faire du sport
rufen, anrufen	appeler	sprechen	parler
ruhig	calme	Stadt	la ville
Rühreier	les oeufs brouillés, m. pl.	Stadtplan	le plan de ville
rund	rond, e	Stammgast	le client habituel
		Steak	le steak
Sache, Angelegenheit, Geschäft	l'affaire, f.	dicke Steak-Schnitte vom Charolais-Rind	le pavé de charolais, m.
Sack, Beutel; Tasche	le sac		
Saft	le jus	Steinbutt	le turbot
Sahne, Rahm, Creme	la crème	Stieltopf	la casserole
Salat	la salade	stören; in Unordnung bringen	déranger
Salatplatte, Rohkostplatte	l'assiette de crudités, f.	Straße	la rue
Salz	le sel	Stück	le morceau
sauber, rein	propre	Stück Obst	le fruit
Schachtel	le paquet	Student	l'étudiant, m.
Schale; Bordwand	la coque	Studentin	l'étudiante, f.
schälen	éplucher	Stunde, halbe	la demi-heure
Schalentiere	crustacés, m. pl.	Stunde; Zeit	l'heure, f.
Schaumwein, Sekt	le vin mousseux	suchen	chercher
Schauspiel	le spectacle	Supermarkt	le supermarché
Scheck	le chèque	im Supermarkt	au supermarché
Scheibe, Schnitte	la tranche	Suppe, meist gebunden und mit Fleisch-, Fisch- oder Gemüseeinlage	le potage
(jmd. etw.) schenken	donner (qc à qn)		
schicken, senden	envoyer		
Schinken	le jambon	Suppe (bäuerliche Variante des „potage")	la soupe
schlagen	fouetter		
Schlagsahne (mit Vanillezucker)	la crème Chantilly		
schlecht, schlimm	mauvais, e	sympathisch	sympathique
schließen	fermer		
Schlüssel	la clé	Tag	le jour
schmackhaft	savoureux, se	guten Tag	bonjour
Schmortopf	le sautoir; la cocotte	Tagesgericht	le plat du jour
schmutzig	sale	Tagessuppe	le potage du jour
schneiden, zerschneiden	couper, découper	Tasche; Beutel, Sack	le sac
schnell	rapide; vite	Tasse	la tasse
Schokoladenschaumcreme	la mousse au chocolat	Taxi	le taxi
schon	déjà	Tee	le thé
schön	beau, bel, belle	teilnehmen, teilhaben an	participer à
Schuh	la chaussure	Teilnehmer	le participant
schulden	devoir	Telefon	le téléphone
Schüler, Schülerin	l'élève, m./f.	telefonieren	téléphoner

Telefonnummer	le numéro de téléphone
Teller	l'assiette, f; le plat.
Temperatur	la températur
die Temperatur erhöhen	monter la température
teuer, kostspielig	coûteux, se
teuer, lieb	cher, chére
Theater	le théâtre
Tisch	la table
den Tisch decken	mettre la table
Tischtuch	la nappe
Toast	le toast
Tourismus	le tourisme
Tourist, Touristin	le, la touriste
traditionell	traditionnel, le
tragen	porter
(jmd.) treffen	rencontrer (qn)
sich treffen	se rencontrer
Treppe	l'escalier, m.
Trinkgeld	le pourboire
trocken	sec, sèche
Trüffel	la truffe
tüchtig	compétent, e (Adj.)
tun, machen; veranlassen	faire
Tür	la porte
überall	partout
(sich) überanstrengen; ermüden	se fatiguer
überbacken, gratinieren	gratiner
überqueren	traverser
(jmd.) überraschen	surprendre (qn)
Übung	l'exercice, m.
umsteigen	changer de train
und	et
in Unordnung bringen; stören	déranger
unterbringen; wohnen	loger
Unternehmen, Firma	l'entreprise, f.
unterschreiben	signer
Urlaub, Ferien	les vacances, f. pl.
verantwortlich sein für etw./jmd.	être responsable de qc/qn
verbringen; passieren (durchseihen)	passer
verdienen; gewinnen	gagner
vergessen	oublier
verlangen	exiger; demander
(etw.) verlangen	demander (qc)
veranlassen; machen, tun	faire
verlassen	quitter
verweigern; zurückweisen	refuser
viel; sehr	beaucoup
vielen Dank	merci beaucoup
vielleicht	peut-être
Vinaigrette (Essig-Kräuter-Soße)	la vinaigrette
voll(ständig); ausgebucht	complet, complète
vor	avant
vorbereiten; zubereiten	préparer
Vorraum	le foyer
(etw.) vorschlagen	proposer (qc)
vorschlagen, empfehlen	proposer
Vorschuss, Vorauszahlung	l'avance, f.
Vorspeise	le hors-d'œuvre; l'entrée, f.
Vorspeisen, gemischte	les hors-d'œuvre variés, m. pl.
Vorspeisen, kalte	les entrées froides, f. pl.
Vorspeisen, warme	les entrées chaudes, f. pl.
sich jmd. vorstellen	se présenter à qn
(jmd./etw.) vorstellen, zeigen	présenter (qn/qc)
Vorstellung, Idee	l'idée, f.
vorziehen, bevorzugen	préférer
Wachteln	cailles, f. pl.
wählen, auswählen	choisir
Walk-in	le client de passage
wann	quand
warm(herzig)	chaleureux, se
warm; heiß	chaud, e
(jmd.) warnen	avertir (qn)
warten, erwarten	attendre
warum	pourquoi
waschen, abwaschen	laver
Wasser	l'eau, f.
wechseln; ändern	changer
(jmd.) wecken	réveiller (qn)
Weg	le chemin
weggehen, abreisen	partir
weggehen, ausgehen	sortir
wegnehmen	retirer
(etw.) wegnehmen	enlever (qc)
Wein	le vin
Weinkellner	le sommelier
weiß	blanc, blanche
weit	vaste
welcher, welche, welches	quel, quelle
Welt	le monde
wen, was	que
sich an jmd. wenden	s'adresser à qn
wenig	peu
ein wenig	un peu
weniger... als	moins... que/de
wer, wen	qui
werben, anwerben	recruter
Wermut(wein)	le vermouth, p. ex. Noilly Prat
wichtig, bedeutend	important, e
Wiedersehen	revoir
auf Wiedersehen	au revoir
wieder erhitzen, aufwärmen	réchauffer
wie viel(e)	combien (de)
Wild	le gibier
Wildschwein	le sanglier
Wochenmarkt, auf dem	au marché
wo; wohin	où
wohnen, bewohnen	habiter; loger
Wohnung	l'appartement, m.
wollen	vouloir
wünschen	désirer
zahlen, bezahlen	payer
(jmd. etw.) zeigen	montrer (qc à qn)
zeigen	montrer
Zeit; Stunde	l'heure, f.
Zeit(raum)	la période
Zeitung	le journal
Zeitungen	les journaux, m. pl.
zerbrechen	casser
(etw.) zerschneiden	couper (qc)
zerstoßen	écraser
Ziegenkäse	le chèvre, m.
ziehen lassen	infuser
ziemlich; genug	assez
Zigarette	la cigarette
Zigarre	le cigare
Zimmer	la chambre
das Zimmer aufräumen	faire la chambre
Zimmermädchen	la femme de chambre
Zimt	la cannelle
Zimtstange	le bâton de cannelle
Zitrone	le citron
zubereiten; vorbereiten	préparer

Zuchtchampignon	le champignon de Paris	zurückweisen; verweigern	refuser
Zucker	le sucre	Zusatzbett	le lit supplémentaire
zuckern	sucrer	Zu-, Ab-, Nachschlag	le supplément
zufrieden	content, e	zu viel, e	trop (de)
Zug	le train	zweckmäßig	fonctionnel, le
zurückkommen	revenir, rentrer	Zwiebel	l'oignon, m.

Bibliografische Angaben

Bocuse, Paul, *La Cuisine du Marché*, Flammarion, Paris, 1976

Brillat-Savarin, Jean Anthèlme, *Physiologie des Geschmacks oder Betrachtungen über das höhere Tafelvergnügen*, Insel Verlag, 1979

Das kleine Buch für den wahren Feinschmecker, Wilhelm Heyne Verlag, München, 1995

Das Kochbuch der Römer Rezepte aus Apicius, Artemis Verlag Zürich und Stuttgart, 1973 (3)

Doutrelant, Pierre-Marie, *La bonne cuisine et les autres*, Editions du Seuil, 1986

Duboux, *Dictionnaire Gastronomie Hôtellerie Tourisme*, Rot-Weiß-Verlag, Thun, 1991

Duch, Karl, *Handlexikon der Kochkunst*, Band I, Trauner Druck, Linz, 1996 (16)

Duch, Karl, *Handlexikon der Kochkunst*, Band II, Trauner Druck, Linz, 1995 (2)

Escoffier, A., *Le guide culinaire Aide-mémoire de cuisine pratique*, Flammarion, Paris, 1948 (3)

van Eijkern, W.H.N., *Menükunde Grundregeln, Kompositionen, Finessen für die Praxis*, Matthaes Verlag, Stuttgart, 1983 (3)

Ferniot, Jean et Jacques Le Geoff, *La cuisine et la table. 5000 ans de gastronomie*, L'histoire/Seuil

Frank, Gertrud (Hrsg.), *Da nahm der Koch den Löffel. Ein kulinarisches Lesebuch*, Residenz Verlag, Salzburg, 1974

Gringoire, Th. et L. Saulnier, *Le répertoire de la cuisine*, Flammarion, Paris 1986

Guide Gault Millau, France, 1996

Herre, Franz, *Der vollkommene Feinschmecker oder Die Kunst des Genießens*, Claasen Verlag GmbH, Düsseldorf, 1977

Larousse Gastronomique, Librairie Larousse, Paris, 1996

Lebert, Norbert, *Kulinarische Rätsel*, Insel Verlag, Frankfurt am Main und Leipzig, 1993

Le nouveau guide culinaire, Editions René Kramer S.A., Lausanne, Castagnola-Lugano, 1973

Marinetti, F.T., *Die futuristische Küche*, Klett-Cotta, 1983

Massin, *Les cris de Paris. Händlerrufe aus europäischen Städten*, Heimeran, München, 1978

Menell, Stephen, *Français et Anglais à table du moyen âge à nos jours*, Flammarion, Paris, 1987

Mordacq, Philippe, *le Menu. Une histoire illustrée de 1751 à nos jours*, Editions Robert Laffont, Paris, 1989

Onfray, Michel, *La raison gourmande Philosophie du goût*, Bernard Grasset, Paris, 1995

Piroue, Susi, *Frankreich. Küchen der Welt*, Gräfe und Unzer, 1995

Rath, Claus-Dieter, *Reste der Tafelrunde. Das Abenteuer der Eßkultur*, rororo, Hamburg, 1984

Redon Sabban Serventi, *Die Kochkunst des Mittelalters*, Eichborn Verlag, Frankfurt am Main, 1993

Rey, Alain, *Le Robert Dictionnaire. Historique de la Lanque Française*, Paris, 1993

Robert, Paul, *Le Nouveau Petit Robert*, Paris, 1995

v. Rumohr, Karl Friedrich, *Geist der Kochkunst*, Insel Verlag, Frankfurt/M., 1978

Schivelbusch, Wolfgang, *Das Paradies, der Geschmack und die Vernunft. Eine Geschichte der Genußmittel*, Ullstein, Frankfurt/M., Berlin, Wien, 1983

Schmölders, Claudia (Hrsg.), *Einladung zum Essen. Buch für Gäste*, Insel Verlag, Frankfurt am Main, 1989

Stein v. Zobeltitz, H., *Französisch, wie es Nicht im Wörterbuch steht, 1. und 2. Teil, Frankreich von Kopf bis Fuß*, Editions Epox, Paris, 1943

Teuteberg, Hans J., Günter Wiegelmann, *Unsere tägliche Kost. Studien zur Geschichte des Alltags*, F. Coppenrath Verlag, Münster, 1986

Toussaint-Samat, Maguelonne, *Histoire naturelle & morale de la nourriture*, Bordas, Paris, 1994

Uecker, Wolf, *Im Zeichen der Pfanne. Leidenschaften und Laster eines kochenden Menschen*, Droemer Knaur, München, 1990

Uecker, Wolf, *Brevier der Genüsse. Eine kulinarische Warenkunde von der Auster bis zur Zwiebel*, Droemer Knaur, München, 1986

v. Vaerst, Eugen, *Gastrosophie oder Lehre von den Freuden der Tafel, Bd. 1+2*, Rogner & Bernhard GmbH, München, 1975

Wanninger, Karl, *A la Carte. Speisekarten aus aller Welt*, Rosenheimer Verlagshaus, Rosenheim, 1975

Warnant, Léon, *Dictionnaire de la prononciation française dans sa norme actuelle*, Duculot, 1987

Wickert, Ulrich, *Frankreich. Die wunderbare Illusion*, Wilhelm Heyne Verlag, Hamburg, 1991

Willan, Anne, *Die große Schule des Kochens*, Christian Verlag, München, 1990

Wittkop, Gabrielle u. Justus Franz Wittkop, *Paris. Prisma einer Stadt. Eine illustrierte Kulturgeschichte*, Atlantis Verlag. Zürich, 1978

Witzigmann, Eckart, *La nouvelle cuisine allemande et autrichienne*, Editions Robert Laffont, Paris, 1984

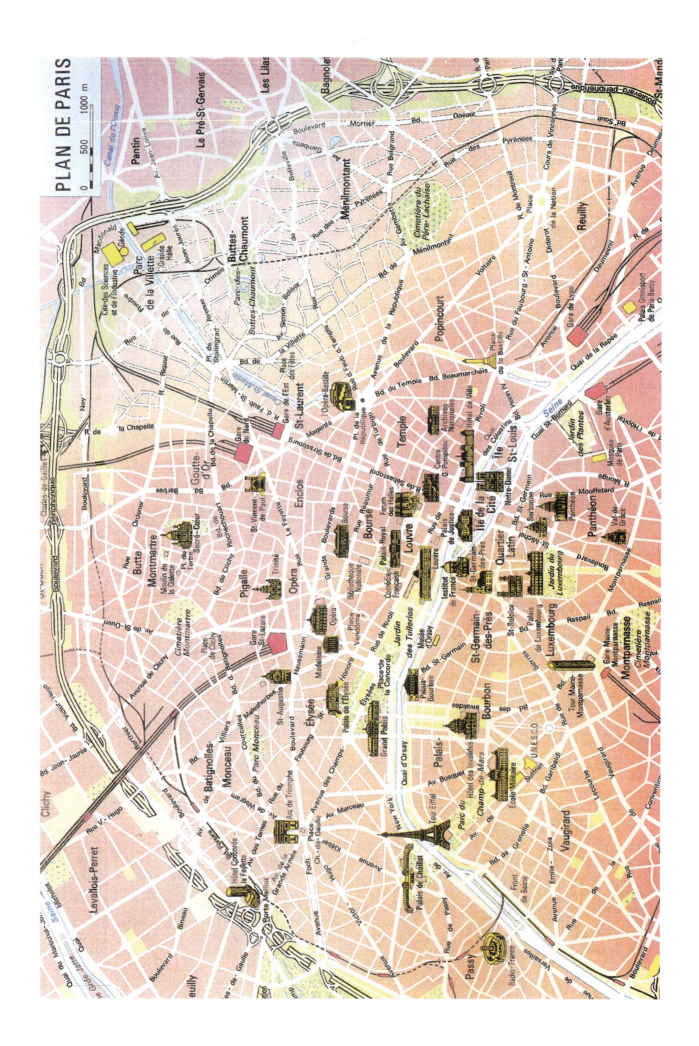

Sicher durch die Ausbildung mit ■FELDHAUS

Ausbildungsprogramm
Gastgewerbe

Das Standardwerk der betrieblichen Berufsausbildung in Gastronomie und Hotellerie

   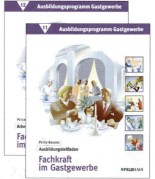

Das Konzept des Ausbildungsprogramms hat sich seit 1980 bewährt, es wurde zum Standardwerk.

Um allen Beteiligten die betriebliche Ausbildung im Gastgewerbe auch nach der neuen Ausbildungsordnung zu vereinfachen, bleibt es dabei: Jedes Lernziel des inhaltlich vorgeschriebenen Ausbildungsrahmenplans bildet einen Abschnitt in den beiden Teilen, aus denen das Ausbildungsprogramm besteht:

Ausbildungsleitfaden
Hier wird das gesamte Fachwissen des jeweiligen Handlungsfeldes dargestellt, das im Betrieb vermittelt und in der Prüfung nachgewiesen werden muss – übersichtlich, verständlich, anwendungsbezogen.

Arbeitsblätter zur Ausbildung
Mit Vorgaben zu passenden Ausbildungsarbeiten, Aufgabenserien, Vorschlägen zu Projektarbeiten, Prüfungsfragen. So werden die wichtigen Schlüsselqualifikationen entwickelt und das gastorientierte Verhalten geübt. Ausbildungskontrolle und effektive Prüfungsvorbereitung sind kein Problem.

„Umgang mit Gästen, Beratung, Verkauf" ist das wichtigste Handlungsfeld. Dazu müssen fachliche Kenntnisse und Fertigkeiten erworben aber auch die richtige Einstellung zum Beruf, Motivation, Engagement, Pflichtgefühl, Verantwortung, Selbständigkeit und Kooperationsfähigkeit entwickelt werden: Die ganze Palette der sogenannten Schlüsselqualifikationen.

Nicht bloßes Wissen, sondern praktisches Handeln bestimmen künftig Ausbildung und Prüfung. Zielgerichtetes Handeln geht natürlich nicht ohne Fachwissen. Aber es muss so vermittelt werden, dass es in der praktischen Arbeit unmittelbar anwendbar ist.

Die Fähigkeit zu selbstständigem Arbeiten (Planen, Durchführen, Kontrollieren), ein Ausbildungsziel, das auch in einer neuen Form der Prüfung zum Ausdruck kommt, ist systematisch durch Übertragung geeigneter Aufgaben zu entwickeln.

In der Hektik des Tagesgeschäftes können die besten Vorsätze scheitern, der sorgsam geplante Ausbildungsablauf gerät durcheinander. Mit dem Ausbildungsprogramm Gastgewerbe halten Sie auch dann den richtigen Kurs: Es ermöglicht den Auszubildenden, selbstständig zu arbeiten, aktiv an ihrer Ausbildung mitzuwirken und das Ziel der Ausbildung zu erreichen.

Für jeden Beruf gibt es einen Ausbildungsleitfaden und einen Band Arbeitsblätter, alle DIN A4 in Loseblattform mit stabilem Ordner. Eigene Unterlagen oder Aufzeichnungen können beigeheftet werden.

Koch/Köchin
Band 1: Ausbildungsleitfaden
Band 2: Arbeitsblätter zur Ausbildung

Restaurantfachmann/-fachfrau
Band 3: Ausbildungsleitfaden
Band 4: Arbeitsblätter zur Ausbildung

Hotelfachmann/Hotelfachfrau
Band 5: Ausbildungsleitfaden
Band 6: Arbeitsblätter zur Ausbildung

Fachmann/-frau für Systemgastronomie
Band 7: Ausbildungsleitfaden
Band 8: Arbeitsblätter zur Ausbildung

Hotelkaufmann/Hotelkauffrau
Band 9: Ausbildungsleitfaden
Band 10: Arbeitsblätter zur Ausbildung

Fachkraft im Gastgewerbe
Band 11: Ausbildungsleitfaden
Band 12: Arbeitsblätter zur Ausbildung

FELDHAUS VERLAG · Postfach 73 02 40 · 22122 Hamburg · Telefon (040) 679430-0 · Telefax (040) 67943030 · post@feldhaus-verlag.de · www.feldhaus-verlag.de

Fremdsprachliche Lehrwerke von FELDHAUS

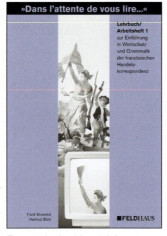
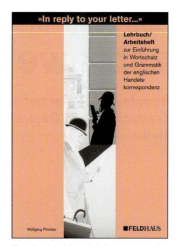

Spanische Handelskorrespondenz
Lehrbuch
Arbeitsheft
Lösungsheft

Französische Handelskorrespondenz
Lehrbuch/Arbeitsheft 1
Arbeitsheft 2
Lösungsheft 1+2

Englische Handelskorrespondenz
Lehrbuch/Arbeitsheft
Lösungsheft

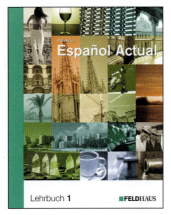
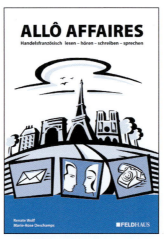
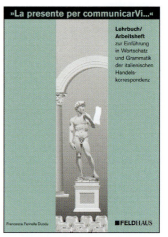

Spanische Umgangssprache für Anfänger und Fortgeschrittene
Lehrbuch 1
Lehrbuch 2
Übungsbuch 1
Übungsbuch 1plus
Übungsbuch 2
CD 1
CD 1plus
CD 2
Lösungsheft 1
Lösungsheft 2
Lösungsheft 1plus

Handelsfranzösisch
Lehrbuch/Arbeitsheft (mit CD)
Lösungsheft

Italienische Handelskorrespondenz
Lehrbuch/Arbeitsheft
Lösungsheft

Japanisch für Unterricht und Beruf
Lehrbuch/Arbeitsheft 1
  Einführung Japanisch (allgem.)
Lehrbuch/Arbeitsheft 2
  Handelskorrespondenz und Geschäftssprache

FELDHAUS VERLAG · Postfach 73 02 40 · 22122 Hamburg · Telefon (040) 679430-0 · Telefax (040) 67943030 · post@feldhaus-verlag.de · www.feldhaus-verlag.de